曾侯乙墓

谭维四——著

浙江文艺出版社

图书在版编目(CIP)数据

曾侯乙墓 / 谭维四著. —杭州:浙江文艺出版社,2023.5(2024.11重印)

ISBN 978-7-5339-7166-3

Ⅰ. ①曾… Ⅱ. ①谭… Ⅲ. ①曾侯乙墓－考古发现－通俗读物 Ⅳ. ①K878.84-49

中国国家版本馆CIP数据核字(2023)第031426号

统　　筹 王晓乐
特约编辑 俞玲芝
责任编辑 丁　辉
美术编辑 沈路纲
营销编辑 张恩惠　詹雯婷
装帧设计 胡　川
责任校对 许红梅
责任印制 张丽敏
数字编辑 姜梦冉　诸婧琦

曾侯乙墓
谭维四 著

出　　版 浙江文艺出版社
地　　址 杭州市环城北路177号
邮　　编 310003
电　　话 0571-85176953(总编办)
0571-85152727(市场部)
制　　版 浙江新华图文制作有限公司
印　　刷 浙江新华数码印务有限公司
开　　本 880毫米×1230毫米　1/32
字　　数 176千字
印　　张 8.25
插　　页 4
版　　次 2023年5月第1版
印　　次 2024年11月第4次印刷
书　　号 ISBN 978-7-5339-7166-3
定　　价 78.00元

引言

离奇，
不可思议，
仙乐出神器。
二千四百年矣，
常得人主欢喜，
六十五钟编成一体，
伴君十丈渊底，
小叩而洪声四起，
时或杂有，
微吟细细。
……

这是中国人民的老朋友、新西兰国际著名学者路易·艾黎于1978年来到湖北省博物馆参观，聆听了出土的旷世珍宝——曾侯乙编钟首场演出后写下的动人诗篇。

5年后，这位慈祥的国际友人旧地重游，又一次兴致盎然地到湖北省博物馆参观了曾侯乙墓出土文物陈列，欣赏了复制编钟的演奏。斯时恰逢湖北省博物馆建馆30周年，老人欣然命笔，称赞博物馆“在向中外观众介绍中国文化遗产方面，使人们受到了教育，成绩卓著”。如今友人已经作古，然而他的诗篇所颂扬的曾侯乙编钟已作为珍贵文物入藏于湖北省博物馆。

1999年1月25日，国家投巨资新建的编钟馆在美丽的风景区武汉东湖之畔的湖北省博物馆大院内落成。这“离奇，不可思议”的仙乐神器陈列于高大宽敞的编钟厅内，在特设的柔和、晶莹、明亮的灯光照耀下，人们可以前后左右多角度观赏这千年古乐器的英姿，还可以登上二楼，从高处俯瞰编钟的全貌，领略它当年在地下乐宫的雄浑之气。与之相配套，编钟馆内展出了同时出土的文物精品400件套，特建了一个设计古朴、面积达600平方米的编钟演奏厅。看完编钟的原件，您可以在这里入座，尽情欣赏用它的复制件及同时出土的编磬、建鼓、排箫、笙、篪、瑟等复（仿）制古乐器现场演奏的古今中外名曲。金石共振，八音和鸣，给人以美好的艺术享受。

朋友！当您迈进这古朴庄重的编钟馆，观赏着2400年前的古乐器，聆听着演奏厅内铿锵的金石之声和悠扬的丝竹之乐的时候，您可知道，这编钟、编磬及同时出土的125件古乐器、15000多件各类文物，是怎样被发现和怎样从地下被发掘出土的？您是否知道国内外学术界为什么称曾侯乙墓的发掘是20世纪中国最重大的考古发现之一，编钟等古乐器的出土是中国音乐史和世界音乐史上的空前大发现？

作为湖北省博物馆的一名文物考古工作者，当年我有幸受国家文物局和湖北省文化局之命，担任曾侯乙墓考古发掘队队长，自始至终主持并参与了田野考古发掘与室内整理研究的全过程，此中甘苦至今记忆犹新。

目录

1 神奇的发现

神秘的擂鼓墩

随州是一座国家级历史文化名城，地处淮河流域和长江流域的交接地带，是所谓“西通宛洛，南达吴越，地当荆豫要冲，扼阻襄汉咽喉”的要地。

随州原名随县，这里山川秀美，物产丰饶，历史悠久，文化灿烂，相传是中华民族始祖炎帝神农的故里。至今，城北20公里的厉山仍留有“神农洞”“炎帝神农碑”等遗迹。夏朝建立前后，这一带是三苗的居地。舜继尧位之后，对三苗采取了先教化后分流的策略，有舜耕厉山的传说。《尚书·虞书》有“帝初于历山往于田”之说。《史记·五帝本纪》记载：“舜耕历山，渔雷泽，陶河滨，作什器于寿丘，就时于负夏。”这历山，人们多认为是今随县之厉山。正因如此，厉山上有许多纪念舜的遗迹，如山上有舜帝庙，山腰有舜井，井旁有碑，据说秦代所立、宋人重刻的舜井碑至今仍留存当地。

殷商西周时期，这里是王朝的南土。除了殷墟甲骨卜辞有记载外，《左传·昭公九年》记周景王的话说：“及武王克商，蒲姑、商奄，吾东土也；巴、濮、楚、邓，吾南土也。”随县地处邓、楚之间，楚为南土，随县在其中。同时，随县地处随枣走廊的豁口，自古即南北东西的交通要道。

商周之际，这里是以厉山为中心的古厉国（又称赖国）。相传，

○ 炎帝神农碑 为明代随州知州杨存愚所立

古厉国为神农之后的厉山氏（又称烈山氏）的姜姓所建。

到西周时，这里是周王朝大封同姓诸侯的地方，史称“汉阳诸姬”。《国语·郑语》云：“当成周者，南有荆、蛮、申、吕、应、邓、陈、蔡、随、唐……”唐在今随县唐县镇一带。考古调查发掘也证实，这里的窑湾、黄家湾、南湾一带都留有殷商和两周遗存。两周之际，尤其是东周时代，这里是周天子所封同姓诸侯的领地。在诸姬中以随为大，正如《左传·桓公六年》所言：“斗伯比言于楚子曰：‘……汉东之国，随为大。’”后来，随灭诸姬。此地姬姓诸侯国最后都为楚国所灭，即《左传·僖公二十八年》中晋大夫栾枝所云："汉阳诸姬，楚实尽之。"

县城西郊，有一座从西南蜿蜒而来的小山脉，当地人称"断蛇丘"。丘上有座土墩，高20余米，人称"擂鼓墩"。这两处名称的由来，各有一段神奇的传说。

相传，西周初年，周天子大封诸侯，建都立国，拱卫周朝王室。在汉水之东今随州一带，封了一个随国。

有一年春天，风和日丽，鲜花盛开，随侯出城游猎。归来时在一个小山丘上见一条大蛇被拦腰斩断，仍在顽强地挣扎着。随侯好生奇怪：腰斩不死，必是灵物，顿生恻隐之心。遂派人为其接骨疗伤，以金疮药敷之。不久，大蛇伤愈，恢复了生机。

一年后的某一天，大蛇口衔一颗明珠，吐在随侯宫中，感谢随侯的救命之恩。这颗明珠直径足有一寸，洁白晶莹，入夜光芒四射，满室生辉，竟是一颗夜明珠！

随侯甚喜，将其作为镇国之宝，珍藏内宫，人们美其名曰"随侯珠"。随侯见断蛇之处，从此被称作"断蛇丘"。

而擂鼓墩名称的由来，与当年楚庄王征伐随国有关。

春秋时，楚庄王率师伐随，久攻不下，而宰相斗越椒乘机在郢都（今湖北荆州纪南城）发动叛乱，率领叛军从背后杀了过来。庄王处在危难之中，遂召集众将领商讨平叛灭随之策。有人力主智取，并推荐了小将养由基，说他武艺高，特别会射箭，能"百步穿杨"，人称"神箭手"。庄王命养由基当场演试。恰好天上飞来一群大雁，只见养由基左手如托泰山，右手如抱婴儿，大喊一声"头雁咽喉"，

○ 随县城郊断蛇丘远景

嗖的一箭，头雁应声落地。庄王甚喜，当即拜养由基为帅，命其指挥三军，并当众宣布："明日讨伐叛军，我亲自为养由基元帅擂鼓助战。"于是命令将士在断蛇丘上筑起了一个十丈高的土墩。

次日，两军在清河桥畔摆开阵势，要决一死战。养由基从楚王军阵内挺身而出。斗越椒大叫："你这个无名小卒，趁早别来送死！"养由基说："我是无名小卒，你贵为楚国相爷，我们就来比比箭术如何？我愿让你先射三箭，倘若不中，我只射你一箭。"

斗越椒一怒之下，不等话音落地，便拉弓拽弦，嗖的一箭。养由基不慌不忙，伸出左手，轻轻接住；接着又用右手接住第二支箭。第三支箭射来，养由基看得真切，略为俯身，竟一口咬住了铜箭镞。

○ 擂鼓墩近景

斗越椒三箭射完，养由基扔掉手中两箭，取下口衔之箭，搭上弓，拉满弦，嗖！只见箭如闪电，直刺斗越椒的咽喉。于是庄王擂起战鼓，养由基身先士卒，率军铺天盖地杀将过去，全歼了叛军。而随侯得知楚军出了个英勇善射的将军，也罢战求和，并向庄王进献了镇国之宝——随侯珠。

养由基清河桥比箭，庄王擂鼓，大败叛军的故事广为流传，至今仍脍炙人口。当年庄王擂鼓助战的土墩从此名为“擂鼓墩”。

虽然故事带有传奇色彩，不足为凭，但擂鼓墩之名，古今随县地图上确实有记载。多少年来，常有人来这里寻访，踏上断蛇丘，登临擂鼓墩，盼望能在这里看到随侯珠，寻到百步穿杨箭，擂鼓墩亦因此披上了一层神秘的面纱。

到了20世纪70年代末，擂鼓墩的历史掀开了新的一页。一个神奇的特大古墓在这里无意中被发现，无数珍稀国宝在这里破土而出。世界为之震惊!

东团坡“褐土之谜”

沿断蛇丘东北行，过擂鼓墩不远，有一大片绵延起伏的丘陵地带。在丘陵的尽头，有东西横亘的两个小山包，高约20米，人称“东团坡”“西团坡”。往东约700米，有溳水自北往南流过；往南约2500米，有涢水自西往东而来，并与溳水交汇。1965年11月，这里成了解放军某空军雷达修理所的营地。

1977年9月，经上级部门批准，营地在这里扩建厂房，于是开山炸石，平整土地。据村里老百姓讲，以前这里有一个小庙，抗战期间，地方武装部队在这里挖过战壕。因为表面是一层含沙黄褐泥土，刚开始他们只是用人力挖。但是往下挖，出现了红色砂岩，于是就用推土机推。推了不久又不行了，岩石十分坚硬，只好改为先用炸药炸，再用推土机推。施工不久突然发现，下面竟有一大片质地松软的褐色泥土，不用爆破就能轻易地把土挖走。

当时分管基建的副所长王家贵曾在北京建工学院受过建筑专业培训，听说过“秦砖汉瓦”等有关历史知识，见此情景隐约觉得奇怪，于是约了营地的几位所长和政委一起来到现场观察。有的说，这可能是当年的庙基吧？有的说，怕是战壕坍塌后的残迹吧？也有的说，说不定这里原来就是一个自然形成的山洞，后来被淤积了，今天炸出来的就是红色岩石中的大片褐土。王家贵说："只怕是下面有什么文物古迹哩？"雷达修理所所长郑国贤是个业余文物爱好者，平时喜欢读一些历史故事与文物考古类的书。王家贵的话引起了他的重视，他托人买了几本《文物》《考古》杂志，大家研究后更觉得褐土下面有些名堂。

"保护文物，人人有责"的使命感使他们毅然做出了两项决定：一是向县文化部门通报，请他们火速派人来现场勘察；二是在组织施工时密切注意地下情况，严防文物受损。

当时县里还没有专业文物考古机构。营地的电话打到县文化馆，未能引起重视，也不见有人来。而施工现场却又出现了新情况，民工梁某挖到几块旧铜，拿到城关废品收购站卖了，换了几包烟。为此，王家贵立即召开紧急会议，向民工们郑重宣布："以后凡是挖到旧铜、铁或陶瓷器要立即报告，一律交到所里。"果然，没几天，在这大片褐土的东南方不远处，又挖出了几件铜器。

王家贵喜出望外，当即将这几件铜器拿到办公室，营地的政委、所长、主任工程师等人闻讯，又凑到一起议论开了。他们将仅有的一些文物考古图书拿来对照，认出其中一件是铜鼎，一件是铜车軎，都是重要文物。这几位热爱祖国文物的中青年军官，又一次来到施工现场仔细勘察，热烈讨论，并一致认为这褐土下面可能是一座古

○ 曾侯乙墓发掘前情景
图中部为旧水塔的位置

墓。于是他们又做出了两项决定：由王家贵尽快去县里当面报告，请求派人勘察，做出正确判断；已出土的铜器由营地妥善保管，日后上交国家。

此后，就有了王家贵的三次县城之行。

1977年11月26日，王家贵向县文化馆的领导汇报了施工中发现一大片褐色土的经过和他的怀疑，县文化馆派了一名工作人员和他来到现场。这名工作人员绕这片褐土转了一圈，问："以前有没有坟包？有墓门、墓碑没有？"王家贵说："没有。"工作人员说："那就不是古墓，你们继续施工吧！"王家贵还领着这名工作人员到办公室看了几件铜器，工作人员说这是文物，待他向领导汇报后派人来取。

现场继续施工。王家贵还是放心不下，继续注意土层的变化。没几天，褐色土层中又出现了一些黑色胶状泥土，太阳一晒又变成灰白色。王家贵向郑国贤报告，他们都觉得这些泥与马王堆考古的纪录片和发掘报告中讲的那种白膏泥差不多，这可能又是一个证据，因而商定再去县文化馆报告。

1978年1月30日，王家贵又去了县文化馆，领来一位同志看了现场，特别看了青色、白色的胶状泥土。可是这位同志还是说："不是古墓，你们继续施工，没关系。"

两次报告，两次否定，可是营地施工战士们心中的疑问并没有解除。过了春节，施工继续进行。为了慎重起见，王家贵要求打眼放炮严格控制，打眼一个孔不得超过60厘米，装药量一次不得超过200克，并加强巡回检查。

2月21日，又出现了一个新情况：在炸松了的红砂岩和挖松了的褐色土下面夹有一些麻灰色碎石块。王家贵又将政委李长信和郑国贤约到了现场。这些到底是自然形成的还是人工砌筑的呢？他们动手清理以后，大吃一惊，原来下面有一层大小相近的石板，这些石板经过加工，铺砌成一个平面。他们更加坚定地认为下面必是古墓无疑。同时也深感遗憾，这一层石板已经遭到了不同程度的破坏，失去了原貌。于是，他们做出了两项决定：一是通过电话向武汉空军后勤部副部长刘梦池请示，请求批准暂时停工；二是由王家贵第三次去县里，找县文教局，无论如何请他们派有经验的专家前来。

○ 墓坑填土层中铺砌的一层大石板

王家贵第三次上县城是在1978年2月26日，这一次，他反映的情况受到了县文教局局长王君惠的重视，他立即派县文化馆副馆长王世振去现场勘察。王世振曾在省里的考古训练班学习过，懂得考古这一行。他经过勘察，初步判断这是一座古墓。但他同时说："这么大的墓未曾见过，且形制特殊，呈多边形，与常见的长方形不一样，有些问题我还说不清楚。"于是，他马上向襄阳地区报告，请地区文博馆派人来进一步勘探认定。与此同时，营地向刘部长的请示也得到了明确的答复：同意暂停施工，保护文物。事情从此出现了大转机。

这里要感谢那些为保护文物做出贡献的解放军官兵，如果没有他们保护文物的高度责任心和出色的工作，这座古墓说不定就毁在爆破声中和铲车下了，那后果是不堪设想的。

发现特大古墓

1978年2月28日深夜，我突然接到了襄阳地区文博馆负责人王少泉打来的长途电话，他告诉我随县可能发现了一个特大古墓，他们准备去调查，“地区文化局王一夫副局长要我先向你报告一下，问你有何意见”。

那几年，在湖北省境内连续发现楚墓、汉墓及西周、春秋以来的曾国铜器，职业习惯告诉我，可能会有重要文物发现。当时，我非常担心开山炸石会将文物遗迹毁掉，于是急切回复王少泉三点意见：一是立刻停止施工，保护现场；二是向地委和行署汇报，请他们吁请部队加强文物保护；三是请他们赶快去随县，查明准确情况，尽快通告我。

王少泉早年毕业于华中师范学院地理系，是一位热爱文博事业的专业人员。他经常下基层，尤其注意各基建工地的考古发现。他落实了我的建议后，3月5日即与襄樊市文化馆一位有经验的干部刘柄赶到了随县，经过两天的现场踏勘和调查走访，认为是古墓。3月9日即赶来武昌。

3月10日，我和省博物馆副馆长龚凤亭一道听完了王少泉的详细汇报，如释重负。虽然墓口已遭破坏，但还没有挖到木椁板，椁室的文物估计不会有太大的损失。由于当地驻军的重视，现场已得到最大可能的保护，十分可喜。我们当即商定把正在野外作业的考古钻探技术人员召到随县，成立省、地、县联合勘探小组，探明准确情况，采取有效措施，抢救文物。

当时我已任湖北省博物馆副馆长兼文物考古队队长。3月19日，我偕同湖北省博物馆考古队的钻探技术人员王正明、陈锡岭从武汉赶到随县。在县招待所，县文教局局长王君惠，副局长熊存旭、周永清都等在这里。说明来意后，我们要求马上去现场。

听说我们已来到随县，雷达修理所的领导十分高兴，用吉普车把我们接到了会议室，所长郑国贤，副所长解德敏、王家贵，政委李长信，副政委张进才，主任工程师刘秀明都在等候着。地区、县和部队的人员三方会合，来到东团坡。

东团坡高出河旁平地二三十米，依山傍水，居高临下，视野开阔，自然环境良好，是一块“风水宝地”。

王少泉说，他们经过两天的勘察，已经把墓坑东、北、西三边的边线找出来了，南边因为有一座水塔压着，还未敢动它，边线不十分清楚。中部打了几个探眼，有的遇上了石头打不下去，有的带出了竹片和木屑，估计下面有木椁。

王正明、陈锡岭一听就来劲了，马上拉着地区来的两位探工——李祖才、曾宪敏，一个去找墓边，一个去探椁板。不一会儿，王正明嚷开了：“馆长，你快来看，南边的坑壁就在这里。”原来，水塔只压了墓坑东南一角，南壁有的部分还保存着，只是比现在残存的东、北、西壁要高，不在一个平面上。

刘柄和陈锡岭又拉开了皮尺，做了测量，墓坑平面很快就弄清楚了。墓口呈不规则多边形，东西最长处21米，南北最宽处16.5米，总面积超过200平方米。在当时，这是湖北省内已发现的最大墓葬，称得上是特大古墓。坑内有木椁，从陈锡岭探出来的木屑看，保存不错，木纹清楚，颜色鲜艳，椁上还有竹席，保存如新。从这些迹象来看，墓椁内的文物保存状况不会很差。工作至此，“褐土之谜”已被揭开，这是一座岩坑竖穴木椁墓，其规模之大，就椁室而言，比著名的马王堆汉墓一号墓大6倍，比江陵凤凰山出土西汉男尸的168号墓大14倍，比出土越王勾践剑的望山一号楚墓大8倍。其埋葬之深、形制之特殊极为少见，在湖北是头一回见到呢！

经过现场的初步勘探与充分讨论，大家取得了一致的意见。这是一个大型古墓，不但规模大，形制也很特殊。因为上部已遭到破坏，要想在原地保护已经不可能了，唯一的办法就是进行抢救性发掘。我们决定以最快的速度探明古墓的准确情况，做出科学的分析，提出切实可行的对策。

正式发掘得报经国家文物局批准，要按照田野考古的科学规程制订详细的发掘方案，做好充分的准备。为此还要经过仔细勘探，把地下的情况尽快搞清楚。

我们在雷达修理所的招待所住了下来。施工现场挂起了工作灯，我们挑灯夜战，为的是尽快探明木椁的保存情况、墓的年代、可能会有些什么文物出土，以便做好发掘方案、经费预算及相应的物资准备。

第二天一早，雨未停我们就开始了工作。一个上午弄清了墓坑的准确形状与椁室的深度。坑口呈不规则多边形，我将它暂时定为三个部分：南坑、东坑、北坑。椁盖板最深处为2.5米，最浅处不到1米。我们用洛阳铲从木椁盖上取下一些表层木屑，从其木纹判断出木椁盖板的布置方向，获悉其与墓坑分布基本一致。我们还对东南角水塔下残留的墓坑填土、石板及下部的白膏泥、木炭做了系统勘测，掌握了填土的地层关系，并绘制了剖面图。对已经损毁的各种考古发掘资料采取措施，尽可能多地给予补救。

3月21日，天放晴了，我们集中精力查有无盗洞。因为墓葬的填土在施工中扰乱面积过大，考古人员很难判断在填土中是否有盗洞，木椁是否被盗过。这些情况不查明，对下一步如何来清理这座古墓就很难下决心。于是联合勘探组决定仍按原有分工继续进行深入的勘察钻探。

当我们把墓坑内残存的浮土、碎石块收拾干净，并铲成一个平面后，果然发现在南北两坑相交偏西处有一个直径约1米、呈不规则圆形的大盗洞。盗洞的发现，犹如给大伙头上浇了一盆冷水，年轻的考古队员开始沉不住气了："这么大的盗洞，文物该不会被盗光了吧！还值不值得发掘啊？"

必须查清这个盗洞的实情。在作了绘图、照相记录之后，我们在盗洞中间打了两个探眼，结果中途遇到了石头，钻不下去了。接着又从墓坑填土南部尚存的石板与盗洞中的石头不在一个平面上来

○ 墓坑填土中发现盗洞

分析，说明这些石头是后来塌下去的，现在所见的盗洞亦非当年盗墓者所挖的原状。稍作清理，情况就更清楚了：盗洞是从西南向东北斜着直插椁顶，并将一块椁盖板的东头截去一块，使这块盖板的西段斜着塌入椁内，上面的填土也随之灌入椁中。盖板下满是泥水，已与外面的水相通。到底有没有发掘价值，大家的目光集中到了我身上。我提出了三点理由：第一，虽然保存古墓的条件已被破坏，但是由于椁盖板还没有打开，里面的详情还不清楚。而且，规模如此大的古墓，只有一个盗洞，不可能将文物都盗走。像马王堆汉墓二号墓和江陵望山二号墓，尽管被盗，但仍然清理出了相当有价值的文物。第二，科学发掘不是淘宝，不能只看墓内有无文物，墓坑、

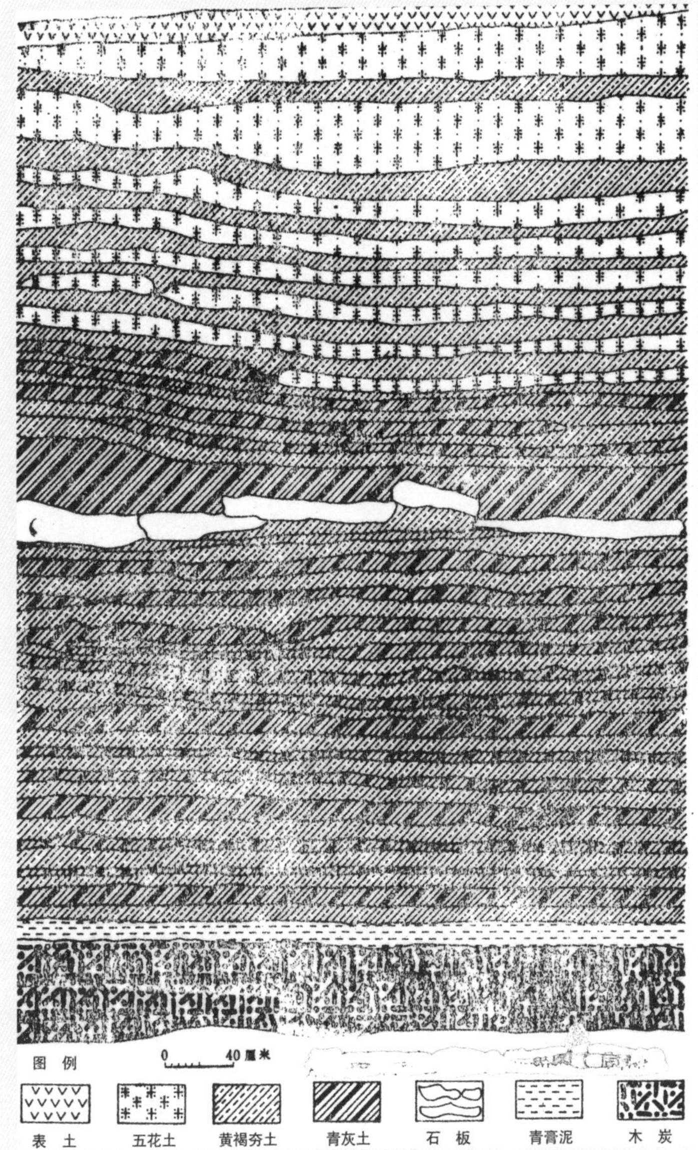

○ 墓坑填土剖面图

○ 考古队员正在清理墓坑填土中的木炭

棺椁及其所反映的葬俗等，也是有价值的科学资料。第三，即使文物被盗一空，按照国家保护文物的政策法令，这么大规模的墓坑和木椁也是要清理发掘的，不能置之不理。三条理由说服了在场的同志。我们就地编写了《湖北随县城郊擂鼓墩一号大型古墓的发现与勘探简报》，由省、地、县联合勘探小组署名，向国家文物局提出了发掘申请。

1978年3月25日，这份报告也送到了湖北省委书记、省革委会副主任韩宁夫的案头。韩书记看完报告后非常振奋，当天就亲笔批示："请告国家文物局。并同意组织强有力的发掘队，从事发掘。"

与此同时，我与王正明一起赶往汉口，专程拜访解放军武汉空军后勤部，向他们汇报了发现大型古墓的过程，请求在发掘过程中给予支持和配合。

4月8日，省政府和国家文物局"批准发掘和同意发掘工作由湖北省博物馆负责"的复文已先后传达到省文化局。文化局任命我为此次考古发掘队的队长，全面主持工作。

空军部队也决定，由刘梦池副部长参加发掘领导小组。发掘小组办公室如有需要，部队方面也可派人参加。同时，部队将在物资、经费、发掘人员生活方面给予支持和帮助。

其后，我请副队长黄锡全率领一批中青年业务骨干先期到达工地，为正式发掘做现场准备工作。要求他们在一个月内，清理完残墓口，取得完整的复原资料；平整好场地，开通排水系统，做好防雨的技术准备；备置安全架、安全板，制订好开椁后安全措施的具体方案。

1978年5月11日，擂鼓墩古墓的正式发掘全面开工。

2 古墓发掘大写真

地宫初露

在发掘前，我们明确了分工：我为现场总指挥，王少泉、黄锡全为副总指挥，方酉生为现场总记录，王世振负责现场安全检查与总联系。我们又将参加发掘队的全体队员具体分工，明确了各自职责。

按照发掘方案与实施细则的要求，考古队员分五个步骤紧张而有序地展开工作。第一步，清除墓坑残存填土，显露椁盖板。

墓坑其他部位都已显露，只有东南面因为有一座水塔压着，无法清理。为了赶在正式发掘前完成新水塔建设，保障发掘工地供水，部队领导和战士连夜加班突击。很快，新水塔建成，旧水塔用定向爆破拆除。

5月14日，墓坑内残存的石板、填土和椁顶上的青膏泥、木炭及其他铺置物均清理完毕。估计木椁周围共有木炭6万公斤。

木椁盖板全部显露出来，其结构与我们当初钻探时的估计完全吻合。木椁盖板系用巨型方木铺成，共47块，每块长度不一，在5.63米至9.89米之间；宽厚大体相当，在0.5米至0.6米之间，十分壮观。

用文字、绘图、照相的手段，及时把考古发掘中的各种现象记录下来，号称田野考古三大记录，这是保证考古发掘科学质量的关

○ 航拍的大墓全景照片

键。而发掘这样大规模的古墓，搭一个类似脚手架的东西不足以将整个墓坑木椁全景收齐，因此在发掘伊始，我们就做了计划，拟请空军派飞机进行航拍。现在，墓坑、木椁盖板全景出来了，是航拍的时候了。

5月15日，天气晴好。上午，为了让墓坑有最清晰的画面，队员们对椁盖板和墓坑周围又做了一次清理。下午1点35分，直升机从汉口飞抵工地，湖北省博物馆考古照相师潘炳元、湖北电影制片厂余义明登上飞机，开始第一次航拍。老潘年近六旬，在文博单位已从事考古摄影20多年，航拍却还是第一次。他极为兴奋，不顾危险，在飞第二圈时，腰部系上安全带，脚踩舱门，将身体伸出机外，来了个“倒挂金钩”，把墓坑全部收入镜中，拍得清清楚楚。为了取得更科学的考古资料，下午3点10分，又做了一次超低空拍摄。飞机在返航途中，又拍摄了擂鼓墩远景以及随县城郊风光，为将来制作电影科教片积累材料。

军用直升机两次光临擂鼓墩，一下惊动了仅10万人口的随县，直到发掘结束，整个县城一直处于沸腾之中。

航空摄影之后，发掘工作进入第二步——揭取椁盖板。

前一天，发掘队绘图队队长吴嘉麟率领来自全省各地的考古绘图人员，挑灯夜战，已录取了揭露的全部椁盖板资料。而揭取椁盖板的现场指挥调度任务由清理组副组长杨定爱负责。

杨定爱对起吊椁盖板有丰富的经验，他曾参加过江陵望山一号墓、江陵天星观一号大墓等墓葬的椁盖起吊工作。这次有随县炮兵某师支援的载重8吨的黄河牌吊车和两台解放牌载重汽车，我们充满信心。

小杨领着清理组的一班年轻人，又拉上吊车司机宋宝聚，对椁盖板进行事先观察，对它们的现状、重量和拉力强度进行了科学估量，拟定了起吊的全套方案。由工程师刘秀明设计，修理车间制作的两个能载重数吨的钢制套钩，起吊时可以将盖板平托举起，防止盖板断裂或千斤绳勒伤板面；又做了两个长10米、宽0.7米的钢架，可以垫在盖板下面。

5月17日，起吊工作正式开始。清晨，一声哨音响过，小小红绿旗对着吊车挥动，按计划先从北室与南室交界处被盗墓者截断的那块盖板开始起吊。

杨定爱领着考古队员对掉下去的石板和淤泥做了一番清理后，指挥吊车成功地将石板取出椁室，接着又将已断成两截的椁盖板分两次取出墓坑。可能是揭取椁盖板的消息走漏了，不少好奇的观光者早已蹲在墓坑北面的山坡上，无数双眼睛望着墓坑。

第一块椁盖板吊上来了，只见椁室内满是淤泥和浊水，别无他物。向北推进，一连吊起了好几块，北室的情景呈现在眼前，还是一池清水，除了浮着几块残竹片外，什么也看不见。一位考古队员用长竹片紧挨椁墙往下探了一下，水深3米不到底。那些急切想知道椁室内奥秘的人，又一次扫兴了。

○ 第一块椁盖板被吊起

于是向南向东推进，先后吊起几块椁板后，发现了两个秘密：一是几堵隔墙将木椁分成多个室，各室内的水面等高，估计它们之间有门洞相通；二是东西两室内共浮有10具木棺。

椁室有水，这是预料中的事，但水面浮有这么多木棺，是没有料到的，在过去的古墓发掘中也从未见过。从这些棺椁的情况看，估计是用于陪葬的，因长年积水才浮上来的。于是当即决定，利用水的浮力和椁顶盖板能承载便于操作的有利条件，将取棺的任务与起吊椁盖板穿插起来进行。

浮起的10具陪葬棺，或侧倾，或仰翻，仅有少数为正浮，且有的盖与身已经分离，要把它们安全取出实属不易。要保证棺的本身不受损坏，如不散架，不蹭去木棺身上的髹漆彩绘；大体复原其在椁室内的方位；不因取棺而损坏椁室内文物。眼前的情势是：墓椁里藏了些什么文物？其高度如何？浮起之棺与下面的随葬器物有多

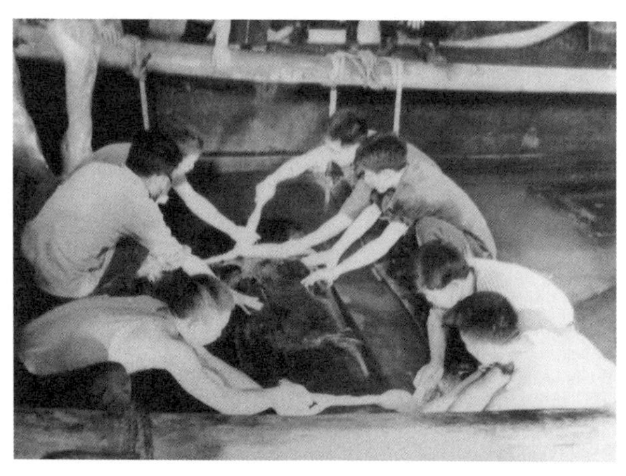

○ 水面捆棺

○ 考古队员正在紧张地工作

大距离？挪动取吊棺身是否会影响下面文物的安全？这些情况都不太清楚。

在进行了周密的“侦察”后，确知浮起的棺底下没有紧挨着其他器物，于是决定吊棺。

5月18日，浮于水面的10具棺椁皆已安全取至室内。接下去两天，又将未取完的浮棺椁板全部取吊完毕，水面浮起的少量残器物也同时取出。被吊起来的木棺立即运到工作室内，另行清理。

待椁盖板完全揭去后，巨大的木椁呈现在眼前，它由12道椁墙组成东、中、西、北四室，平面外形与墓坑相同，也是多边形。四周椁墙与坑壁间距离不是很大，总面积略小于墓坑，东西长19.7米，

○ 第一口浮棺被吊起

南北宽15.72米。它由巨大的长条方木垒成，经鉴定，全部为梓木，系用斧、斤、锛、凿加工而成，没有发现锯和刨的痕迹，修削较为平整。整个木椁估计共用成材木料378.63立方米，折合成圆木约500立方米，工程可谓巨大。

规模如此之大的木椁在湖北省考古发掘中从未见过，就是在全国也要算头一回了。虽然此时展现在人们眼前的还只是平面的情况，但是一个巨大的木构地宫的外形已经清晰可见了。

5月21日，发掘工作进入第三步：排除积水，清除淤泥。

当天午夜，开始用小潜水泵从北室的东北角抽水。这是一件很细致的工作，不能性急，抽快了会使一些立在水中的文物倒下来，不仅自身受损，还会殃及其他；但也不能太慢，因为天气渐热，椁内积水与坑外的水早已相通，受到污染，文物过久地浸泡在污水中也会造成损坏。为此，在抽水的同时，必须严密注意观察各室文物

○ 揭去盖板后的椁室全景

的暴露情况。这是一件很有吸引力的工作，水里到底藏了什么奇珍异宝，监视者可以先睹为快。

椁室的水位在慢慢下降，水里的珍奇宝物也开始露头了，人们的情绪随着文物的露面而不断升温。

突然，一只无头小鸭浮出水面，水向北室流，它也随波逐流。人们随着它的流动仔细观察，原来是一只小漆盒。盒腹内是空的，靠近颈部有圆形榫眼，眼内两边各有一凹槽，由此可知还应有一个头由此插入。周身髹黑漆，绘羽毛纹饰，腹部两面各绘一幅敲钟击

○ 木雕鸳鸯形漆盒
通高16.5cm
身长20.1cm
宽12.5cm

磬和击鼓跳舞图。盒身雕成鸭子形，故以“鸭形盒”名之。

这件鸭形盒的头在哪里呢？当时还是个谜。后来在室内清理陪葬棺时谜底才被揭开，发现了一个用整木雕成的鸭头。将这个鸭头对准鸭形盒身颈部两个凹槽，正好插入盒身内，转动一下方向，其头部即被卡在盒上了。原来，这是西室2号陪葬棺内的随葬物，盖与棺分离，棺身侧翻时，鸭形盒身首异处。

后来在工地现场举办出土文物展时，李长信政委看到这件鸭形盒十分欣赏，当即问我，这么好的工艺品，为什么叫鸭形盒？我说：“根据田野考古常规，古籍或此前出土物已有依据者从之，无据又无法知其本名者，以其器形来命名。鸭形盒是我们给它起的名字。”李政委说：“这个名称不雅，依我看它的外形不像鸭子，而像一只鸳

○ 木雕鸳鸯形漆盒上的击鼓舞蹈图

鸯。鸳鸯是中国人所熟悉和喜欢的吉祥鸟，为何不叫它鸳鸯形盒呢！”我觉得他的建议不错，当即将其改名“鸳鸯形漆盒”，从此这个美名被传之四海。

千年古乐重返人间

当中室水位下降的时候，盗洞渗漏下去的淤泥把一坑积水搅得浑浊不清，水中藏物能见度很低，我们克制着心中的焦急，耐心地等待水位慢慢下降。

○ 编钟上层三个木架从水中露出的情景

5月22日午夜11时许，当水位下降到距椁墙顶40厘米的时候，隐约可见靠西壁有两个木架立在水中；不一会，靠南壁的一个木架也隐约现了出来。小潜水泵还在不停地运转，水位还在徐徐下降，人们凝视着暂时还藏在水中的三个木架。一个小伙子等不及了，伏在安全架木板上伸手去探，手在水中来回摆动，水面荡起阵阵微波，聚光灯下，三条木梁似在水中游动。另一个小伙子乐了，说："这叫'蛟龙戏水'，呼之欲出，就是不想出来，抓住它，别让它溜了！"

23日凌晨，东方地平线上慢慢现出了鱼肚白，水位已下降到距椁墙顶60厘米处，先伸手入水去探的靠北边的小伙子嚷开了："伙伴们！好消息，青铜编钟，一排7个，还好好地挂着呢！"

"这里也是，是钮钟6个，一个不差！"靠西壁中间部位的小伙子应声答道。

不一会，伏在最南边的小伙子也开腔了："已摸到5个，也是钮

○ 中层编钟和下层横梁露出水面

钟，中间有个空当，怕是掉到椁室底下去了！”就在你嚷我应的当儿，有人转动了聚光灯，集中照向这三条水里的“蛟龙”，人们睁大眼睛，聚精会神地关注着这呼之欲出却又纹丝不动的三条“蛟龙”。不错，是编钟，青铜钮钟三组，大小有序，悬挂依旧，好极了！

发现青铜编钟了！一直在旁察言观色很少吭声的记录员刘炳，赶忙看了看手表，在工作日志上写道：

> 5月23日清晨5时过5分，中室，发现青铜编钟，已见钮钟18个，分别挂在三个木架上，架上有空当，还有一件未见，可能已掉入椁底，待查。

天大亮了，红霞挂满东方，水位还在持续下降。“蛟龙出水了！”有人喊道。木架上的横梁显露了原形，黑漆红彩，两端都有青铜套，套上满饰浅浮雕蟠龙纹。“美极了！千真万确就是编钟。”

经仔细测算，椁室深3.3米以上，而已出水的木架横梁深才1米左右，其下还有2米多，必然有支撑物。

5月24日午夜，由上而下露出一层横梁，一长一短曲尺相交，梁体粗大，紧靠西壁的长7米多，靠南壁的只3米多，其下由3个佩剑铜人及1根铜柱顶托，梁下悬甬钟，应是33个，最先见到的3个小

○ 下层编钟横梁、钟铜人及大钟出水时的情景

○ 下层大型编钟正在被取吊出椁

木架原来是立于这层横梁上的。下层的甬钟与上层的相比，不仅体形更大，而且花纹更精美，皆有错金铭文。

5月25日午夜，又露出一层横梁，与其上横梁结构形体相近，梁下亦有3个佩剑铜人及1根铜圆柱顶托，有12个大甬钟及1个钟，或悬于梁下，或掉在梁旁。这两层四根木梁两端皆有透雕镂空龙首、凤鸟、花瓣或浮雕龙纹的青铜套，梁身又以黑漆为地，用朱黄色漆彩绘菱形几何花纹，乍一看去，真似蛟龙模样。

此时，一套规模宏大、气势磅礴的青铜编钟已基本现身，人们惊叹不已，此前有谁见过这么多的编钟出于一个墓内！有谁见过这么雄伟的钟架屹立2000多年巍然不倒！整个工地人声鼎沸，一片欢腾，人们争相转告，消息不胫而走。

考古队集中力量录取了编钟的各项原始资料，将全套编钟的悬挂位置详尽地记录下来。采取了必要的保护措施，并拟订了取吊方案。

5月30日午夜，两个掉入淤泥中的甬钟被安全取出。经清洗，人们更加高兴了，因为在甬钟正面钲部竟然发现有“曾侯乙乍（作）时（持）”（以下皆写作“曾侯乙作持”）错金铭文，其正鼓、侧鼓部位还有标音铭文，反面铭文更多，全是篆体错金，金光闪闪，令人喜爱。铭文一经露面，诸如墓主人是谁，是不是“曾侯乙”，葬于何时，此墓是哪个时代的，编钟又是哪个时代的，为谁所有等许许多多问题，成了考古队员们思索和议论的中心。

○ 全套编钟在中室出水时的雄姿

6月4日，在将中室编钟架近旁的其他文物安全取出后，开始全面取吊编钟。没几天，65件编钟全部安全出土。与此同时，各个钟的挂钟构件、斜靠钟架旁的2根撞钟木棒以及搁在横梁上或掉落椁底的6个敲钟木槌，也另行编号取出。最后拆卸取吊中、下层钟架。

6月15日，已在地下尽忠职守了几千年仍岿然不动的6位身佩宝剑的武士，也依次被“请”上了岸。至此，这群顶盔贯甲、身着戎装、佩挂宝剑、颈系五彩飘带的魁梧武士风度翩翩地重返人间，而沉睡地下几千年的全套编钟也完完整整地回到了人间。考古队员们说：“这是一个值得纪念的日子，千年古乐重返人间，我们将永远记住这一天！”

○ 下层转角处佩剑青铜武士
通高1.16m（含榫头与底座）
重323kg

地宫探秘

随着水位的逐步下降，四个椁室的随葬物源源出水。人们发现，原来四室所藏互不相同，显然，这都是有意安排的。有人要问：它们的不同之处在哪里呢？为什么要这样安排呢？《礼记·祭义》说：“文王之祭也，事死者如事生。”讲的是古代君王贵族有丧葬祭奠之事，仍如生前侍奉他们一样来安排。“事死者如事生”成了一种传统的礼仪。从墓坑棺椁及各类物品的安排，人们不难看出它们的内在含义与安葬者的良苦用心。

在编钟出水的同时，中室的各类文物也纷纷出水，呈现眼前。靠近北壁的是32件一套的石编磬，原本悬于一座双层的青铜磬架上，因盗洞的石板、淤泥下泻于中室，一根横梁被砸断，磬片也落入淤泥中，部分已损坏。磬架座为一集龟身、鹤颈、鹤翅、龙首于一体的怪兽，两根错金花纹的铜杆由榫卯结合于架座上成为磬的横梁，32件石磬分两层四组悬于其上。

靠近东壁，有一座建鼓的遗迹。出水时鼓腔落于水底，楹柱也随之折成两断。承柱的鼓座系用青铜铸成，乍一看，群龙穿插纠结，令人眼花缭乱。鼓柱置于其上，中悬椭圆形木腔皮鼓，颇有雄浑之风，是用以节乐（即指挥）的打击乐器。修复后我们看到，整座建鼓呈圆锥形，由圆圈底座、承插楹柱空心圆管和纠结穿绕的圆雕群

○复原的建鼓全貌

○ 青铜磬架座

通高67cm

重24.8kg

○青铜建鼓座出土现场

龙构成。它以8对16条大龙为主体，龙蟠龙，龙缠龙，实难准确弄清其数量和体长。大小龙身都精雕细刻有鳞、斑、鳍、目、爪，并嵌有绿松石，犹如一座琳琅满目的宝石山。

在钟、磬、建鼓所形成的空间内，先后清理出来的乐器还有：扁鼓、有柄鼓各1件；漆瑟7具，均为二十五弦；笙4件，形状与现今葫芦笙相似；篪2支。

显而易见，这里出土的乐器吹、弹、击诸般俱备，足以配备一个气势恢弘的大型乐队！中室里还出土有大量青铜礼器、用器，源源不断，令人震惊。

○ 中室东椁墙下冰鉴、联禁铜壶、青铜尊盘、铜勺等出水情况

在东壁，有一对联禁（座）铜壶和两件青铜鉴缶并排陈放，前有青铜尊盘，旁有铜漏斗，鉴上有铜勺2件，壶旁有长柄铜斗，木质髹漆的耳杯、筒杯、漆卮、漆豆围绕其旁。

○ 联禁铜壶
通高99cm
腹径53.2cm
重分别为106kg、99kg

两件联禁铜壶大小相近，共置于一个长方形铜禁上。其壶盖、镂空盖罩均可拆卸，系分别铸成后组装而成。禁座下面两边以对称的四兽为足，兽的口瓿和前肢衔托着禁板，后肢蹬地，臀部上翘，显见其稳健有力；壶的颈部两侧攀附两条拱曲的龙以作耳，龙耳上也饰以小龙，雕制都十分精致。

青铜鉴缶也极具特色。器体由方鉴与方尊缶组成，方尊缶置方鉴内，盖好镂空盖，两者浑然一体，绮丽和谐。

鉴本为水器和浴器，缶本为酒器，缶置鉴内，两者间留存较大空隙。如鉴内置温水，则可温酒；如鉴内置冰，则又可冰酒。古人有“祭祀共冰鉴”之句，故此物在古代已有“冰鉴”之称。

青铜尊盘可谓鬼斧神工。尊是酒器，本是盛酒用的；盘是水器，是装水用的。因出土时尊置盘内，故以其整体称之为“尊盘”。为什么要将尊与盘组合在一起呢？关于这个问题，学术界意见不一。多数人认为，这可能是冰酒之器，这里的盘是用来盛冰的。证据是古籍中确实提到过用夷（就是盘）来盛冰，这种盘称为冰盘。尊内盛酒，尊置盘内，盘内置冰，这不成了冰酒器了吗？不过，也有人持反对意见，认为此器比冰鉴体积小多了，何况工艺如此精致，可能已非实用之器，而只是为显示主人豪富而制的陈设品。无论结论如何，这件尊盘的艺术价值之高是无可置疑的。

上述尊盘与鉴缶皆可冰酒，那么，古代的冰又是从哪儿来的呢？历史文献对此有许多记载，如《周礼·天官冢宰》中就提到，当时朝廷内设有专门管理藏冰出冰之官，每年十二月令所属到山林去砍

○ 冰鉴揭盖后的情况

方鉴高63.2cm

方尊缶通高51.8cm

全器重168.8kg

冰，以预计要用的三倍藏入冰室（即地下冰窖）；到了春天要对盛冰的鉴缶进行检验整治。祭祀时向冷藏食物的冰鉴供应冰块；宾客来了，供应饮用冰；举办丧葬之礼，向尸床下冰尸的槃内供应冰块。夏天国王要向群臣颁发冰块时，执掌其事；秋天将冰室洗刷干净，以备冬天藏冰。

在《左传》中还记载了楚康王的臣子为辞官而用冰的故事。鲁襄公二十一年夏，楚康王的宰相子庚死了，康王拟请薳子冯做宰相，薳子冯去请教申叔豫，申叔豫说："国家宠臣多而君王又年轻，国家治理不好的。"于是薳子冯托病辞谢康王。这时正是夏日暑天，薳子冯把地下的冰挖出来并置于床铺，身穿两层棉衣和皮袍，饿着肚子躺在床上。楚康王派医生去诊视，回报说："瘦弱到极点了，但血气还正常。"于是楚康王便让别人（子南）做了宰相。可见，中原和楚国都有窖藏冰和用冰的习俗。

曾侯乙墓冰鉴和尊盘的发现，证实文献记载的可信和古人藏冰用冰的若干情况，无怪乎这几件文物在香港展出时，备受观众关注，港人在报刊上载文称其为古代的冰箱。

鉴缶、尊盘、联禁铜壶及长勺、铜漏斗、铜勺，它们是彼此相连的一组礼器。联禁铜壶是盛酒之器，容量很大。大铜勺是取酒用的，酒取出后在灌入冰鉴之前要经漏斗过滤。从储酒、取酒、滤酒、冰酒到饮宴，器具一应俱全。

在南壁一片宽约2米的空间内，成排、成层、成组置放着各类宫廷用青铜礼器、用器及漆木类酒具、食具与用具，陈列得井井有条。

○ 青铜尊盘

青铜尊通高30.1cm，口径25cm，

底径14.2cm，重9kg

青铜盘通高23.5cm，口径58cm，

重19.2kg

○ 彩漆龙纹盖豆

器身以整木雕成,器盖及耳上为仿铜浮雕,满身彩绘

通高28.3cm

口长径21.6cm

○ 漆透雕禁

陈放酒具之物。禁,有禁止醉酒之意

通高52cm

面长宽均为55cm

底座长宽均为71.8cm

○ 漆瓒

通高8.3cm

通宽20.1cm

口长11.7cm

宽8.2cm

○ 漆木杯形器

器底有两个穿眼，彩绘，很可能倒置使用，两眼当用于透气，也可系绳便于提拿

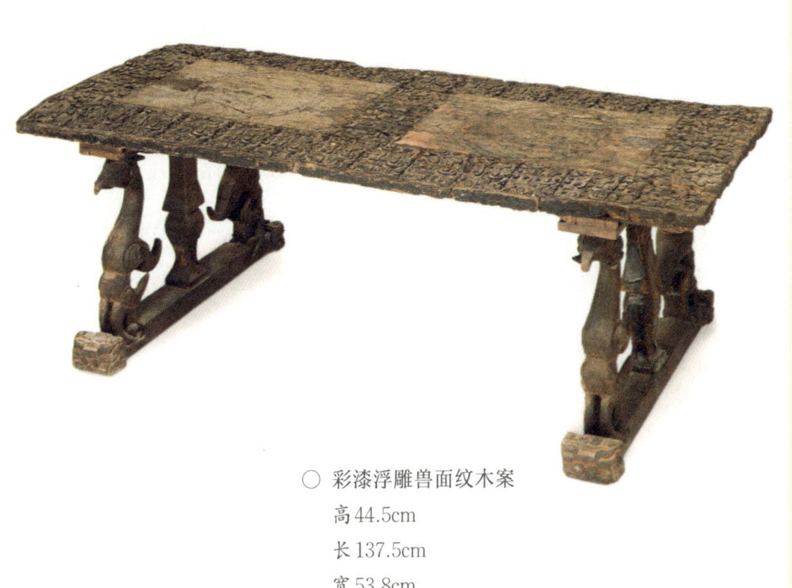

○ 彩漆浮雕兽面纹木案

高44.5cm

长137.5cm

宽53.8cm

○ 中室南部九鼎八簋、大镬鼎等礼器、用具出水时的状况

九鼎八簋分两排由东向西置放，每件鼎上都盖有竹席，九鼎旁有1个大铜勺，簋均方足有盖；簋前排列9件小鬲，共附2只小铜勺；再往前紧靠编钟有大铜鼎2件，出土时口沿上有竹篾盖遗存，鼎上有1只长铜勺，鼎耳上各挂有1个鼎钩，鼎内遗存半边牛体，腹壁内和鼎钩上都有“曾侯乙作持用终”7字铭文。腹底有烟炱痕迹；与大铜鼎平行往东有盖鼎5件，每件皆有鼎钩1对。

此室西南角还置青铜盥缶、浴缶、浴鼎、炭炉、铜箕、漏勺及2件陶缶、1只木雕盘鹿等。

这些随葬品是死者生前生活情景的写照。100多件青铜礼用器，

○ **木雕盘鹿**

鹿身由整木圆雕而成，反首盘卧。头上插天然的鹿角，周身髹黑漆无彩

通高107.5cm

身高37cm

宽42.5cm

主要是墓主人生前祭天祀祖宴请宾客用的。它们大致可分为四类：第一类是盥洗器。商周时期礼制规定，宴前饭后要行沃盥之礼。盥洗时以匜浇水于手，以盘承弃水，盘和匜相配使用。圆鉴、盥缶是盛水之器，在铜镜广泛流行之前，古人常以盘皿盛水照容貌。监、鉴二字古今通用，甲骨文“监”字像人俯首就皿照容之形。形体大者亦可用于沐浴；匜鼎、浴鼎是煮水之器，也都是盥洗用具。第二类是炊煮器。祭祀或宴飨时必有专人蒸煮食物，大镬鼎、鬲、甗之类就是专用于炊煮的。其中出土5件牛钮盖鼎，腹底有烟炱痕迹，鼎内遗存有牛、猪、鸡三种鼎实。除了器盖中间有一蛇形钮，还有三

个造型生动的牛形钮，每件鼎盖上都放有两个鼎钩，制作精美。第三类为酒器。有的用于储酒，如大铜缶；有的用于盛酒备饮，如壶、尊；有的用于冰酒或温酒，如冰鉴。第四类是盛食器，如鼎形器、小鬲及簋、簠、笾、豆。

○ 青铜盘

可接匜之流水，匜亦可置盘上

通高12.8cm

口径41.6cm

重8.8kg

○ 青铜匜

器身犹如一只蹲立的鸟，匜底设计一假圈足，安放稳当

高13.4cm

口径19.4cm×18.8cm

重2.6kg

○ 铜圆鉴

有两件，大小相同。器身腹下部饰一周垂叶纹，通体云纹，嵌绿松石，但大都已脱落

通高29cm

口径44.6cm

重23.8kg

○ 青铜盥缶

有两件，形制相同。器身饰勾连云纹、蟠龙纹、鸟兽龙纹和涡纹，镶嵌红铜

通高35.8cm

口径25.2cm

腹径44.3cm

重31.6kg

○ 铜匜鼎

用于煮水以备盥洗。出土时，器底尚有烟炱痕迹。将鼎和匜合为一体，形制此前未见。下为三足，上有圆环提链，煮水甚为方便

通高40cm

重13.2kg

○ 匜口

○ 浴鼎

用于热水以供盥洗。此前淅川、绍兴出土同类器具自铭"浴(浴)兴"和"汤鼎",故俗称浴鼎或汤鼎

通高38.5cm

重29.8kg

○ 牛钮铜盖鼎

共出土5件，形制、纹饰相近。鼎外壁镶嵌绿松石，有蟠龙纹、云纹。鼎钩上饰卷云纹

鼎通高39.3cm

口径39.6cm

重25.3kg

○ 大铜镬鼎及鼎钩

颈腹间有凸起弦纹，上下饰蟠螭纹，腹下部饰垂叶纹，内填蟠螭纹

鼎通高64.6cm，口径64.2cm，

重54.8kg

鼎钩通长24.5cm—24.8cm

○ 小铜鬲和铜匕

小铜鬲共出土9件,纹饰相同。腹部镶嵌鸟首龙纹,有3条凸起的扉棱。

两件铜匕置于两件小铜鬲内,形制相同,柄部正面饰有涡形云纹

小铜鬲通高12.95cm,口径15.45cm,腹径15.75cm,重54.8kg

铜匕通长18.5cm,柄长13.8cm,重0.124kg

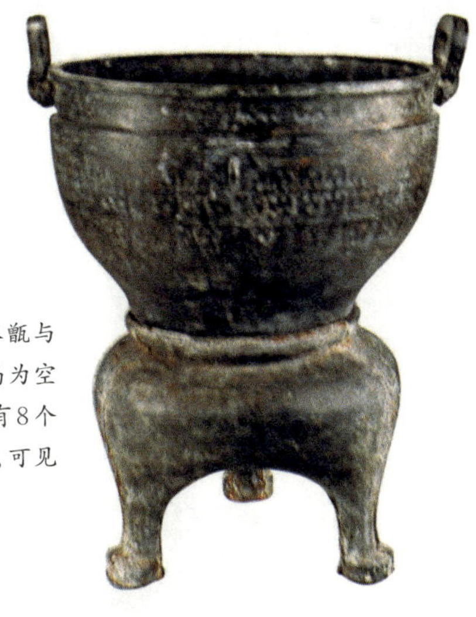

○ 铜甗

此件为分体,即由上体甑与下体鬲两件器组成。鬲为空心足,可以煮水,甑底有8个呈放射状的镂孔箅眼,可见它是用于蒸煮食物的

通高64.9cm

重33.4kg

○ 铜提链壶

有2件。颈部饰蕉叶纹，腹部有6个圆形乳突，器身镶嵌繁缛

通高40.5cm

口径10.7cm

腹径18.9cm

底径13.4cm

重5.6kg

○ 铜漏斗

滤酒用器。器底塑成一蜷曲卧伏的怪兽躯体，支杆为兽之颈，杆端塑成龙头，用口咬住漏斗的一角以支托斗身，斗作等边三角形，另两个角塑有环形钮，尖底，底上有呈圆形作放射状排列的12个孔，内有6个未穿透之孔

通高88.5cm

杆长70.8cm

漏斗边长17.5cm

腹深10.2cm

重4.6kg

○ 大铜斗

圆形斗身及长柄上饰满龙凤花纹并镶嵌绿松石

圆斗口径16cm

腹深7.6cm

柄长85.2cm

重3.15kg

○ 铜罐与铜勺

铜罐通高25.4cm，口径12.2cm，重6.85kg

铜勺通长56cm

○ 铜簠

共出土4件，形制、纹饰相同，大小略有差别，每件皆由同形同大的器身和器盖相合而成，上下各有4个对称的蹼形足。全器镶嵌繁缛的花纹，器身和盖内底均有“曾侯乙作持用终”7字铭文。为古代王公贵族宴飨或祭祀时盛饭食用的礼器和食具

通高25.4cm—26.6cm

口纵24cm

口横31cm

○ 三环钮铜盖鼎

形制接近牛钮盖鼎，但体形更小。器身和耳部镶嵌蟠螭纹、绹纹、雷纹

通高20.6cm

重4.3kg

○ 四环钮铜盖鼎

形制接近牛钮盖鼎，但体形更小。器身和耳部镶嵌凤纹、云纹

通高23.2cm

口径23.8cm

重5.1kg

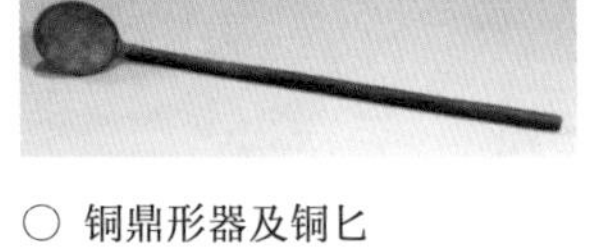

○ 铜鼎形器及铜匕

铜鼎形器共出土10件，形制、纹饰基本相同。上腹部镶嵌有弦纹、勾连云纹，下腹部为垂叶纹

鼎通高21.4cm，口径11.3cm，重1.25kg

匕通长18.7cm

青铜礼器的使用因身份等级不同而有严格的规定，为的是“以别尊卑，以示贫富”。按照周代的礼乐制度，礼器以鼎为核心，用鼎多少，反映地位的高低，甚至王室的兴衰。一般而言，天子用九鼎八簋，诸侯用七鼎六簋，卿大夫用五鼎四簋，平民则不能用鼎，所谓“礼不下庶人”。曾侯乙墓共出土9件铜升鼎，搭配8件铜簋，以九鼎八簋的规格象征国君的身份。它们和悬制构成了礼乐制度的基础。

周代的鼎可分为三大类，即镬鼎、升鼎和羞鼎。镬鼎用来煮牲。把煮熟的牲肉置于鼎中，这一动作曰“升”，所以升鼎是用来盛牲肉的。羞鼎是加馔之鼎，“羞”是滋味备至的意思。周代用鼎制度以升

○ 九鼎八簋

鼎为中心，所以古人又把升鼎叫作“正鼎”，羞鼎属于陪鼎。除鼎之外，其他各种礼乐器也都有其使用制度。其中以鼎与簋的相配最为明确，因为鼎用来盛置牲肉，簋用来盛置黍稷，它们都在食物中占有主要地位，所以当时常常把鼎、簋作为标志贵族等级的主要礼器。

不仅用鼎数量有严格规定，而且鼎内装什么样的食物也有严格规定。《仪礼·聘礼》记载：王侯用太牢九鼎。所谓“太牢”，就是牛、羊、豕三者俱全，九鼎内食物为牛、羊、豕、鱼、腊、肠胃、肤（肉皮）、鲜鱼、鲜腊。此墓九鼎出土时，七鼎内有骨骼，经鉴定，为牛、羊、猪、鸡、鲜鱼（不少于21尾）；只有两件鼎内未见食物，估计是肤和肠胃，因无骨骼，腐烂之后未留下痕迹。这与文献所载基本相符，只有天子才准用九鼎八簋。

然而到了东周时期，诸侯也多有用九鼎八簋的，这是否是东周时礼崩乐坏的一种僭越现象呢？对此，李学勤从考古学和历史文献学相结合的角度提出了截然不同的看法。他在《东周与秦代文明》一书中提出：“像蔡昭侯（安徽寿县西门大墓）或战国时的随侯，实已沦为大国下属，连保持独立地位都自顾不暇，恐不能僭用天子之礼。平山中七汲一号墓的中山王，自命维护礼制，尊奉天子，却也使用九鼎。因此，天子的用鼎数恐仍应以《周礼》为准，是十二件鼎。”“《周礼·膳夫》云：‘王日一举，鼎十有二，物皆有俎。’这是说天子膳食用鼎数为十二，不难推想其随葬之鼎也当有十二件之数。”也有研究者认为，目前尚未发掘周王墓，其观点不能证实，也无从判断。

○ 铜簋

共8件

通高30.8—32.3cm

口径22.1cm—22.4cm

○ 铜升鼎

共9件，形制基本相同。器身和耳部镶嵌有绿松石，已佚

通高35.5cm

口径45.8cm

重20.6kg

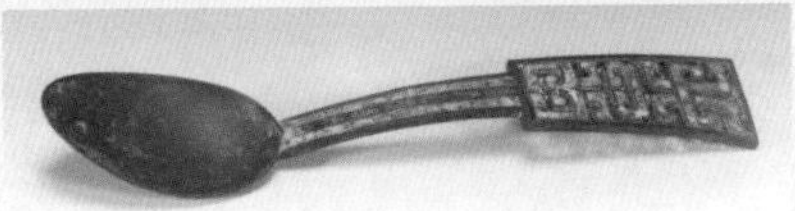

○ 铜匕

出于铜升鼎内。铭文两侧和镂空匕柄上均用绿松石镶嵌，大多已脱落(参见本书171页)

通长45.8cm

最宽处9.2cm

此室椁墙上还有两排木钉，有些钉上留有彩色丝织物残迹和纱袋，估计是用于挂帷幔和盛香囊的。当年大厅四周必是重帷叠帐，五彩缤纷，富丽堂皇，香气宜人。

中室的这些青铜礼乐器，让我们仿佛看到了几千年前古代王室宫廷钟鸣鼎食的宴乐场景。

东室最先露面的是一副浮于水面的大棺。此棺分内外两层，外棺与常见的木棺不同，是用青铜为框架嵌厚木板构成，结构十分巧妙牢固。出水时，棺盖东南角与棺身脱离，可以窥见其内尚有一巨大的内棺。体形如此之大，铜木结构设计如此之巧，髹漆绘彩如此之美的大棺，在过去古墓发掘中未曾见过。

○ 墓主套棺出土情景

○ 墓主外棺
长3.2m
宽2.1m
高2.19m
重约7t

巨棺出水，须得加强保护。考古队员用泡沫塑料将其包扎好，并不断喷水以保持湿度。在积水快要抽干时，又在铜足未落地的一边用千斤顶顶着，以防下塌压伤棺底下的文物。事实证明，这一措施是必要的，因为在棺底下竟然藏着5件极为珍贵的黄金制品。

黄金是贵金属，经济价值很高，但在考古发掘中，黄金器物并不一定是最珍贵、价值最高的文物。有些文物，质料虽非金银，其历史、科学、艺术价值却远在金银器之上，这是考古研究中常见的事。但在不少非考古专业人员看来，金银总是与财宝联系在一起，一说有金银，尤其是黄金，那就不得了啦。因此，从此墓开掘以来，传言就不少，什么挖出个金脑袋呀，大金鼎啦，金棺材呀，等等，其实都是讹传。

首先见到的是金盏。盏作圆形，平底三足，扁体有盖。盖顶有4

○ **金盏及金漏勺**
盏通高11cm，重2156g
漏勺通长13cm，重56.45g

个环形捉手，腹上有2个对称的环形耳，三足做成倒立的凤首，十分别致。盏盖和盏口沿下饰成一圈纠结的蟠螭纹、绹纹、云雷纹，更显美观。虽埋藏地下2000余年，至今仍色泽如新，金光闪闪。这是我国先秦考古发掘之首见，也是我国先秦金制器皿中之最大最重者。盏内置一金勺，勺身透雕镂空，中心镂一圆孔，外围有相对两龙环抱，恰似二龙戏珠，刻镂工艺不凡。

不久又发现有盖金杯1件，素面无纹饰。接着又见到圆形似器盖的大小2件“金盖”。金盖上满饰变形龙、凤纹、重环纹、斜角云纹等纹饰。5件金器总重量3487克，是湖北省考古发掘中首次见到的先秦金制器皿。

如此重要的黄金器皿出土，在场的人都极为振奋。大家都感到好奇：“为什么只见器盖不见器身？是我们清理得不仔细还是器身被盗墓贼盗走了？”大家在整个东室仔细搜寻，却一无所获，连一个能与之相配的器物都没有找到。一直到我们在主棺旁边又发现了铜制的类似器盖4个，也没有器身，我们才明白，这个器物确实没有器身。

这是件什么器物，干什么用的？为了解开谜团，我们进行了考证。有人提出：此为镇，并不是器盖，是镇席之物。铜做的叫铜镇，黄金做的叫金镇，玉做的叫玉镇。《楚辞·九歌·东皇太一》云：“瑶席兮玉瑱。”瑱亦作镇。王逸注：“以白玉镇坐席也。”既是席镇，自然也就不会有什么器身了。

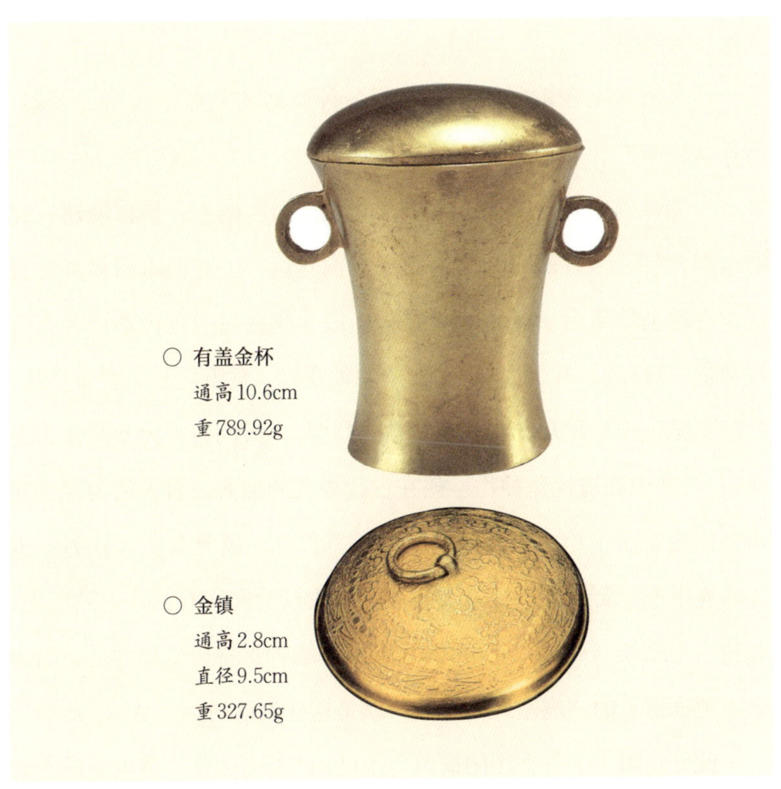

○ 有盖金杯
通高10.6cm
重789.92g

○ 金镇
通高2.8cm
直径9.5cm
重327.65g

以主棺为中心，水面浮有8具木棺。将木棺取吊出椁后进行了清理，发现每棺内各有人骨架一具，均为年轻女子，年龄19—26岁，身高154.2—160.5厘米，无疑她们都是殉葬者。门洞旁还有小木棺一具，内有狗骨架一副，显系墓主人生前宠物，死后也被殉葬看门。

这8名女子年龄较西室为长，与墓主人同室，其木棺髹漆比西室的要好，有一具棺全为朱漆，棺内随葬之物也较西室的陪葬为多。看来，殉葬者很可能是墓主人生前妃妾之属或近侍，并能歌舞以娱君王，其从葬属妃妾殉夫、近侍殉君性质，也不排除其中有“自愿从死”的可能。

在主棺和殉葬棺之间，布满了各种质地的礼器、乐器、兵器、用具和装饰艺术品。

一件青铜鹿角立鹤立于主棺东北角，面向南方，昂首展翅。此物造型奇特，龟背鹤身，头上插一对铜鹿角。工匠们将诸多寓意吉祥长寿的动物集合于此，耐人寻味。鹿和鹤在我国古代都被视为吉祥动物，《诗经》有《鹿鸣》篇：“呦呦鹿鸣，食野之苹。我有嘉宾，鼓瑟吹笙……”此乃贵族宴宾之歌；《楚辞·天问》：“惊女采薇，鹿何佑?”此处鹿被视作神物。鹤在古代被视为仙禽。有人认为青铜鹿角立鹤出土于主棺之旁，面向南方昂首伫立，寓意墓主人在另一世界骑鹿以游原野，乘鹤以遨太空。另有人认为同室有三环扁鼓出土，此物当为鼓架，可称“鹿角立鹤悬鼓”。笔者支持后一种意见，因为南方楚墓常见的“虎座凤鸟悬鼓”就是这样设计的。

此处还出土了熏香用的铜熏，压席用的铜镇4件，盛食品的木雕

○ 虎座凤鸟悬鼓
湖北江陵楚墓出土

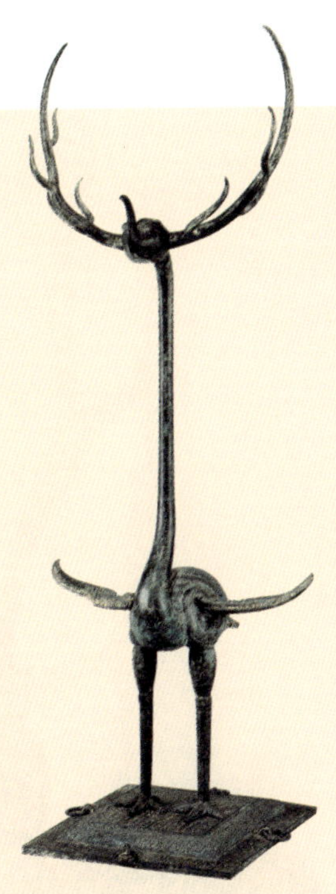

○ 青铜鹿角立鹤
通高143.5cm
重38.4kg

盖豆4件，盛装衣裳的漆箱等。此外，还有车马、弋射用器及木雕梅花鹿。鹿身为一整木雕成，头上插天然的鹿角，周身髹黑漆，以朱漆绘瓜子形圆圈点，生动地表现出梅花鹿的形象。有人认为从其背上有榫眼来看，与江陵楚墓所见木鹿鼓极相似，可能也是木鹿鼓鼓座。

此室内也出土有乐器，有二十五弦漆瑟5件，其中3件有精致的凤鸟图案，2件素面无漆，似为半成品；十弦琴、五弦琴各1具，笙

○ 铜熏

由蒜头形筒形罩和圆盘两部分组成，筒罩套在圆盘侈出的子口上

通高42.8cm

盘口径14cm

重2kg

○ 木雕梅花鹿

通高77cm

身长45cm

○ 镂空铜熏

筒壁为镂空9条缠绕龙纹，口沿镶嵌有绿松石

通高16.2cm

直径8.1cm

重0.54kg

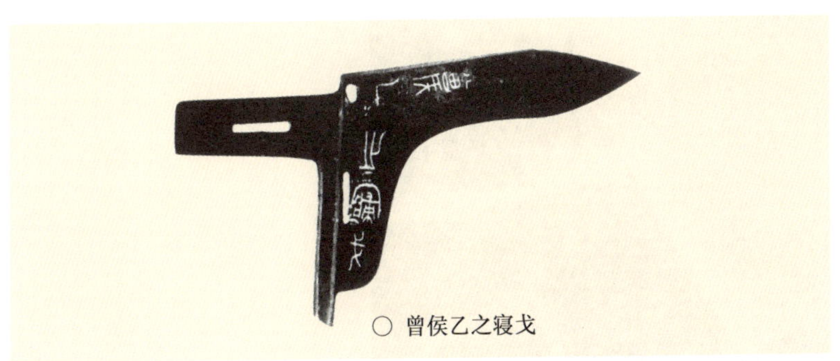

○ 曾侯乙之寝戈

2件。这些乐器显然是“房中乐”乐队所用之器。由此看来，那8位殉葬的年轻女子可能就是内宫乐伎。墓主人希望在地下仍有乐伎奏乐起舞于身旁。

令人想不到的是，在主棺南侧与北侧竟然陈放着大量青铜兵器，戈、矛、盾、弓、矢、镞齐全，计有1473件。想来，这是墓主人希望用来护卫其寝宫的。其中最引人注目的是一件铭文为“曾侯乙之寝戈”的短柄铜戈，它安置于主棺之旁。据史籍记载，寝戈为近卫武士所持之器，说明此墓主人应为“曾侯乙”。

对于东室墓主人的大棺，人们极为关注，想知道棺内会有些什么宝贝。

根据以往的发掘经验，墓主人棺内的文物往往最珍贵。像著名的越王勾践青铜剑、云梦睡虎地秦简、江陵凤凰山西汉男尸等，都是在墓主人棺中出土的。如今这副套棺，从构造到规模都远远超过以上诸墓的主棺，怎能不引人注意呢？也正因如此，我们准备了两套起吊方案。第一套方案是整棺取吊。我们准备了一辆载重8吨的吊

○外棺盖被吊取

车，另外加上一辆5吨重的吊车备用。但是因为大棺沉重无比，两辆吊车都无法吊起，我们只好采取第二套方案：现场开棺吊棺。

6月8日上午8时许，开棺吊棺开始。这一次，比较顺利地就将大棺盖吊了起来，仪表上显示载重已超过1.5吨。一块棺盖竟有1.5吨，整副棺重可想而知。

揭去棺盖，一个色彩艳丽的内棺显现眼前。内棺用巨型厚木板做成，满身髹朱漆，并以墨黑、金黄、紫蓝等色绘制繁复的图案花纹，除绘几何形门窗外，大多为龙、蛇、鸟及神人、怪兽等构成的神话故事，甚是华丽。棺顶上还有已腐烂的丝绸，开棺伊始呈浅红色，暴露一会儿变成褐黄色，渐渐地又呈黑色泥状，无法取出。

外棺不能整体起吊，内棺是否可以呢？经仔细观察与测算，可

○内棺盖被吊情景

行性不大。且不说内棺里面的情况不明，重量不清楚，主要是内棺和外棺之间没有一丝缝隙，千斤绳插不进去。经在场的领导和专家同意后，决定分层取吊，现场开棺，先吊棺盖。

一会儿，内棺盖被打开，经过一番细心勘察，确知内棺尸体已腐烂，从尸身上腐烂的织物来看，当年墓主下葬时身着多层锦衣，并用衾被包裹。

对内棺里面的遗物，我们先以小皮管用虹吸原理排除积水，再用与棺等长的薄铝板从棺的侧壁下插到底后横向插入棺的底部，将遗物全部托于铝板上。铝板的下部再用木板加固，和盘托出，转入室内另行清理。因为还有些遗留物，队员又进入棺内做了最后的清理。

最后得知，外棺总重量约7吨，内棺总重量约2吨，共9吨。除

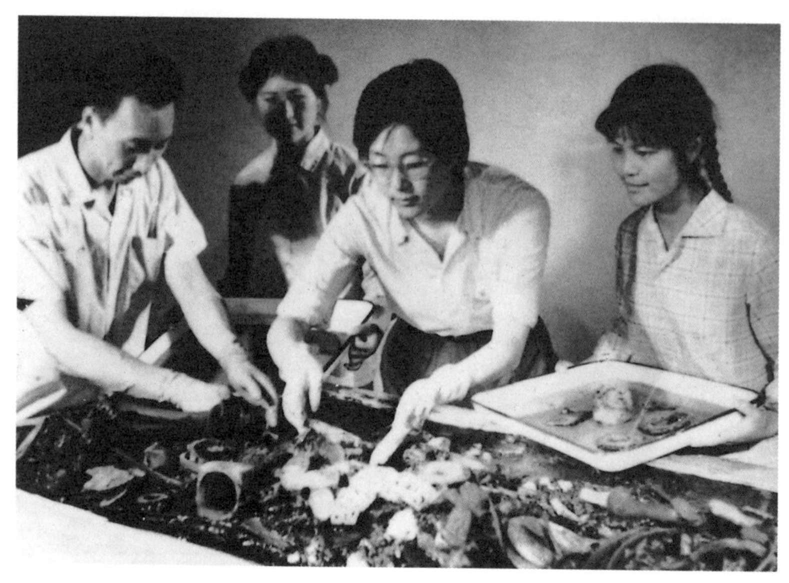

○ 清理墓主内棺的遗骨与遗物

去木板含水量，当年这副套棺的总重量当在6吨以上。后经测量，外棺铜框架用铜量即在3000公斤左右。

6月10日，我请陈振裕负责，组织了一个专门的班子来清理内棺遗物。北京文保所研究员胡继高自告奋勇地带了两名助手前来参加，考古队保管组组长白绍芝也参与其中。在雷达修理所已腾空的大车库里，用条桌拼了个作业台，铺上五合板和台布，清理工作就此展开。照相、绘图和文字记录的相关工作人员也都各就各位。

经过四个昼夜的工作，圆满完成清理工作。经鉴定，墓主为男性，年龄在42—45岁之间。周身布满金、玉、铜、骨、角、琉璃、水晶等各种质地的服饰、器具及葬玉，达568件之多。这正如《墨子·节葬》中说的“诸侯死者，虚车府，然后金玉珠玑比乎身”。

器物的位置是有规律的，兽面玉梳置于头部，十六节龙凤玉佩饰置于下颌；小件玉猪、牛、羊、鸡等或塞于口中，或填于耳鼻；金玉带钩、玉剑、玉首铜匕、金缕玉璜均在腰部；玉璧、佩、璜、玦、环及各类串珠从头到脚成行成排放置，布满全身。

仔细分析，这568件器物尽管种类繁多，但按其用途，可分为两大类：一类是墓主人生前用品，包括佩玉、礼器、用器，称佩玉；另一类是用作死者的陪葬品，称为葬玉。

佩玉既是生前用于佩戴的玉饰，也可用于随葬，主要有佩、璧、环、璜、玦、琮、方镯、挂饰、剑饰及琢成环管状或人形的串饰等。所谓“君子无故，玉不去身”“行则鸣佩玉”“君子与玉比德焉”。佩玉，既为了显示身份，也为了彰显品德。

佩玉中首推十六节龙凤玉佩饰，此可谓先秦时代玉器中最上乘佳品。历来玉器造型多是一坯一器（即用一块玉料制作一件固定玉器），而此佩是先分别雕饰16块，然后再用5个玉环和有榫卯结构的活环及1个玉销钉连接起来。各节用透雕、平雕、阴刻花纹。全器共雕刻出37条龙、7尾凤及10条蛇，千姿百态，栩栩如生，还有凤爪抓蛇的生动画面。综观全器也是一条龙，第一节为龙首。其高超的设计和雕刻技巧令人惊叹不已，实属罕见的艺术珍品。

这件玉器在古代是如何使用的？从出土位置来看，它在尸主的头部下颌处，这是系帽子的地方。顾铁缨先生认为是帽子上的缨。但从形体来看又不太像，所以也有人提出异议。但顾老坚持自己的

○ 十六节龙凤玉佩饰

长48cm

宽8.3cm

厚0.5cm

看法，经过研究考证，他专门写了篇论文谈及此器：“古人戴帽时，缨的位置比我们现在结的帽带子要前一些，就是在下颌的前端，正当颏的位置。在出土的战国到汉代的帛画、壁画、画像石和画像砖上，可以看得很清楚，确实如此。且玉制的缨，正因为托住下颌，即使缨稍微宽一些，甚至有点参差不齐，亦不至于颊下有不太舒服的感觉甚至妨碍头的活动等等。所以缨用玉制，与实用并没有什么矛盾。”

在这些玉佩中，四节龙凤玉佩也非常重要。其主料呈黄白色，体扁平，它由4节组成，中间用3个环连接。全器共雕刻出7条蜷龙、4只凤鸟和4条蛇，以发丝般的极细线条刻出龙凤的眼、角、冠、喙、爪、鳞甲、羽毛等。全器也是一条龙的形状：上环为龙首，中

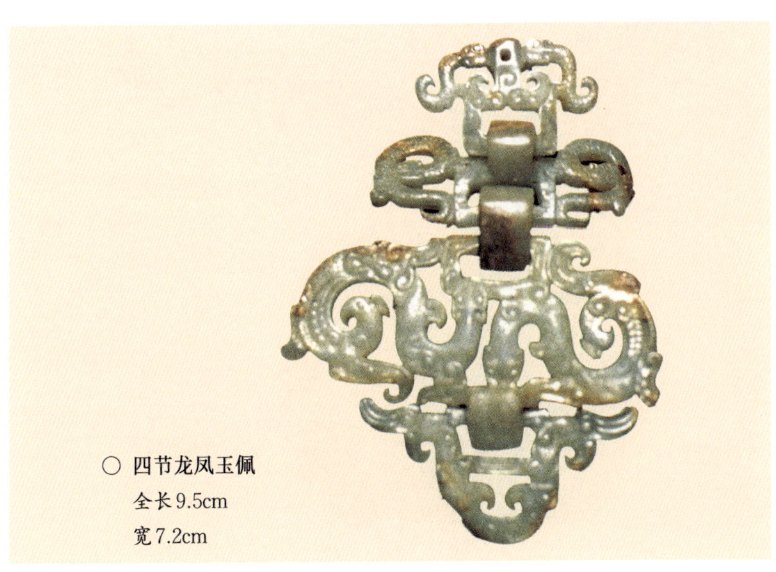

○ 四节龙凤玉佩
全长9.5cm
宽7.2cm

环为龙背，下环为龙腹，龙尾在下节穿孔的部位。整件玉佩造型美观，纹饰精细，极其珍贵。

此墓出土谷纹卷龙玉佩一对，雕琢成卷龙形，龙作回首张口曲身卷尾状，两面雕刻谷纹，腹部有一个对向钻孔，为古代王公贵族身上佩戴的饰物。另外还有龙形、虎形、鸟形、鱼形等玉佩。

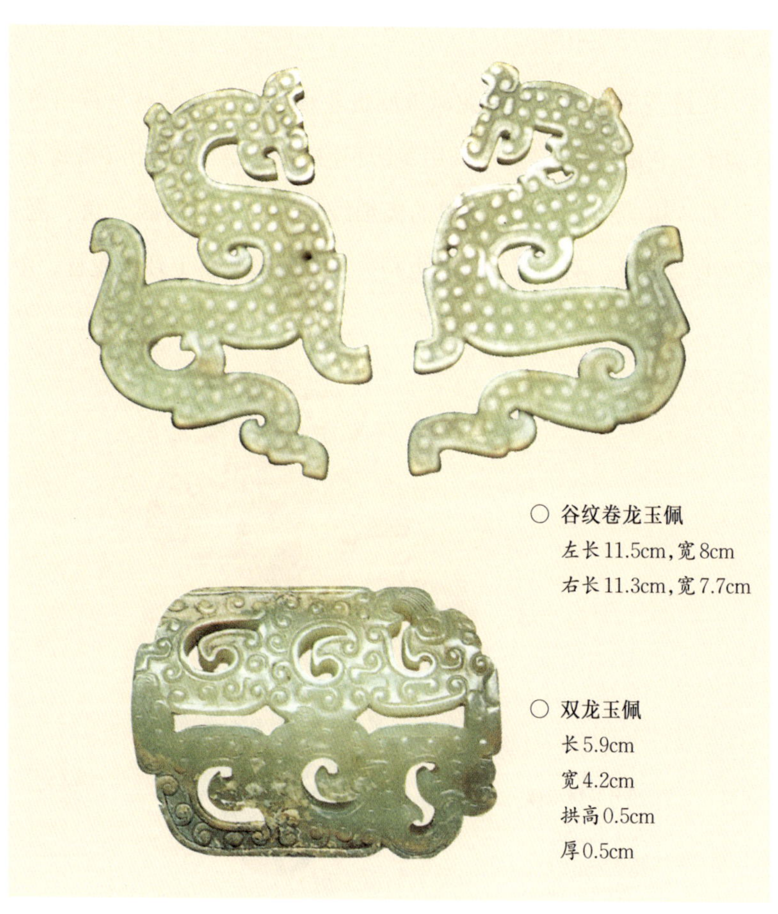

○ 谷纹卷龙玉佩

左长11.5cm，宽8cm

右长11.3cm，宽7.7cm

○ 双龙玉佩

长5.9cm

宽4.2cm

拱高0.5cm

厚0.5cm

○ 卷龙形玉佩

长9.3cm

宽7.1cm

孔径0.2cm

厚0.4cm

○ 鸟形玉佩

长9.3cm

宽2.9cm

孔径0.1cm—0.3cm

厚0.4cm

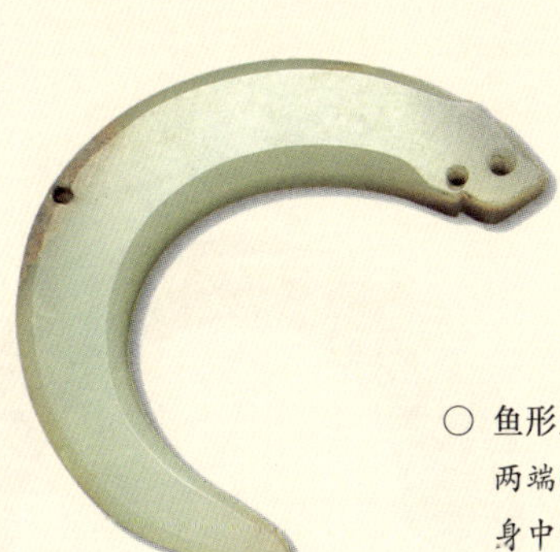

○ 鱼形玉佩

两端(鱼首鱼尾)距6.6cm

身中宽1.8cm

孔径0.3cm—0.4cm

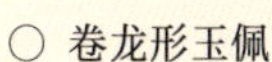

○ 卷龙形玉佩

长9.3cm

宽7.1cm

孔径0.2cm

厚0.4cm

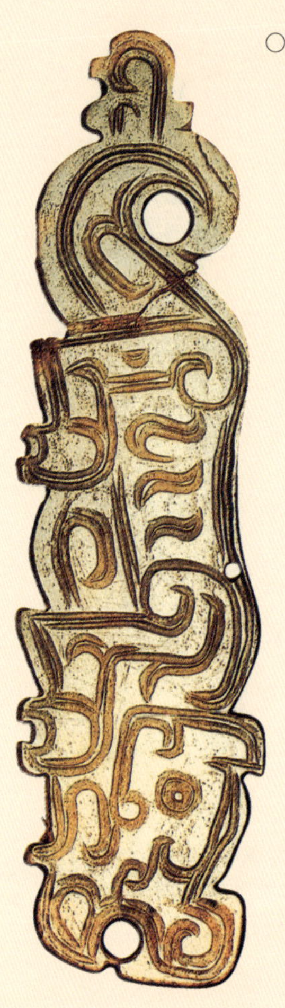

○ **虎形玉佩**

一面阴刻虎的眼、须、爪、皮毛等细部，另一面则阴刻一只鸟首，有圆眼、尖钩喙和羽毛等

长9.6cm

宽2.7cm

○ **圆雕龙形玉佩**

龙首尾相对呈C形，头上有卷角，龙首雕刻云纹

直径7.6cm

厚0.5cm—0.7cm

墓主全身上下竟出土了36件玉璜，且多成双成对。其中最精致者要数金缕玉璜。璜呈青白色，半璧形，用3道金丝将左右两片连接起来，是目前所见先秦时期唯一的金玉合一的器具，开后世金缕玉衣的先河。另有透雕龙纹玉璜3件，也是对称龙形，龙躯蜷曲，作回首反顾状，十分生动。

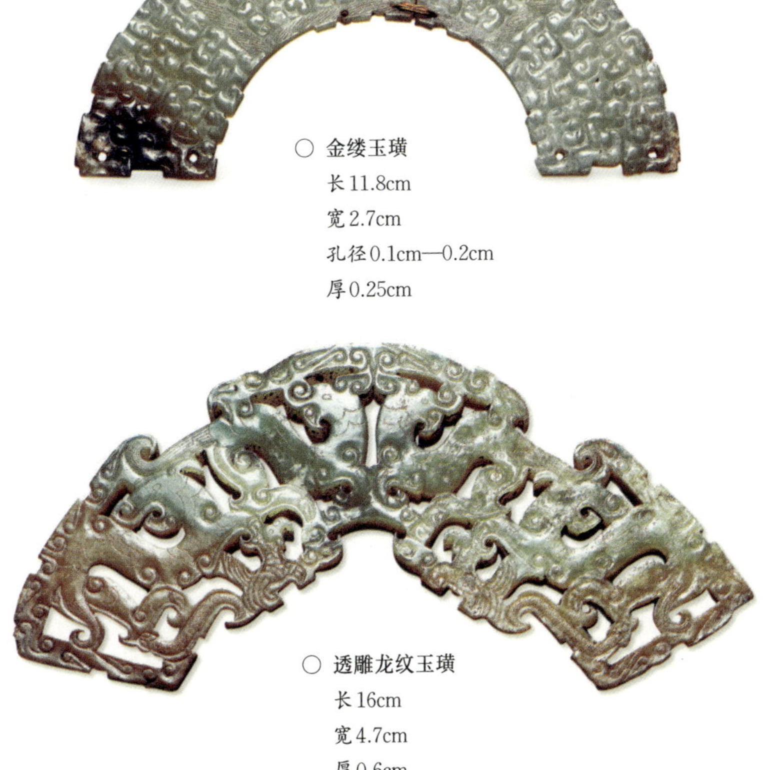

○ 金缕玉璜
长11.8cm
宽2.7cm
孔径0.1cm—0.2cm
厚0.25cm

○ 透雕龙纹玉璜
长16cm
宽4.7cm
厚0.6cm

墓中共出土玉璧63件，形制、纹饰各异，除一般圆形璧外，另有双龙形（附璧）等成双成对出现。璧是一种礼器，也可随身携带。大孔璧称环，作为礼器，其等级仅次于璧。有缺口的小型璧或环，称为玦，玦有缺的意思，亦有决绝之意。玉玦有大小之分，大的一对出自膝间，当为佩饰；另有一对小的置于头部，当为耳饰。

《周礼·春官·大宗伯》载："以玉作六器，以礼天地四方。"所谓"六器"，指璧、琮、圭、璋、琥、璜。据说其中几种可作为象征贵族爵位的徽标，贵族朝觐帝王或互相会见行礼时便手持这些不同的徽标。据说它们也可以作为信物，以传递信息。琮是用以祀地的，

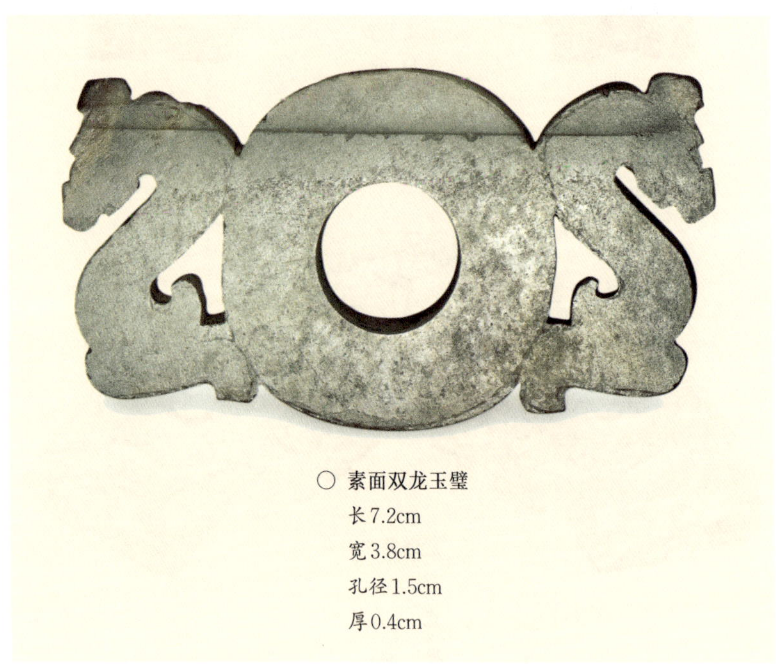

○ 素面双龙玉璧
长7.2cm
宽3.8cm
孔径1.5cm
厚0.4cm

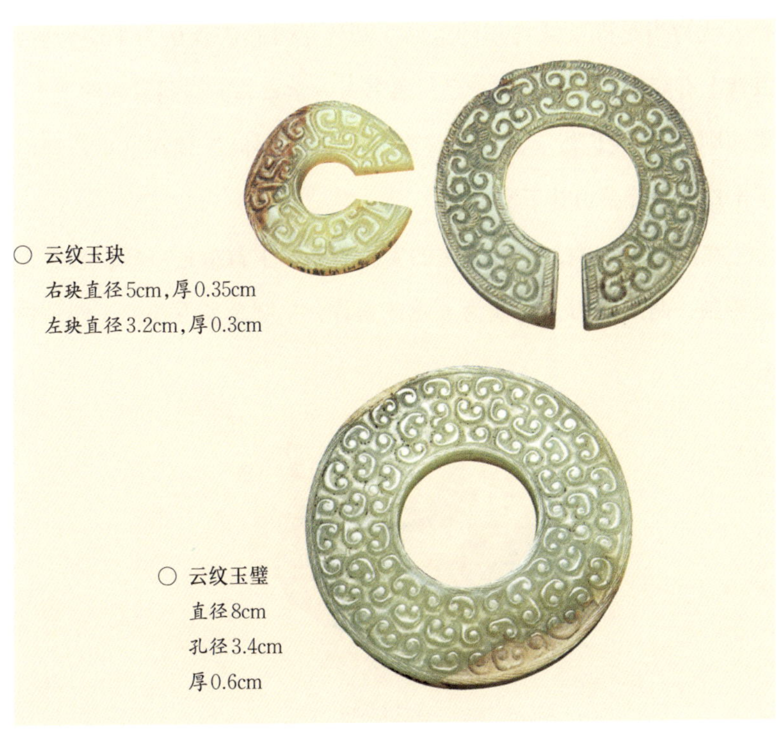

○ 云纹玉玦
右玦直径5cm，厚0.35cm
左玦直径3.2cm，厚0.3cm

○ 云纹玉璧
直径8cm
孔径3.4cm
厚0.6cm

诸侯朝拜天子时以璧上贡，以琮贡王后。其中有专用作礼器的琮和半琮。琮有2件，形制相同，大小有异。其中头顶左侧的一件琮，玉质甚佳，呈浅绿色。器表四面各阴刻一个兽面纹，射上阴刻横S纹，并间饰阴刻的网纹。另一件是此前从未见过的半琮形，在墓主的背部出土。器为外方内圆的矮体琮的一半，故以半琮称之。其两射和琮体透雕成动物形，琮体的三个角各刻一近似方形的小缺口。若将平沿的那一射朝下，不平沿的那一射朝上，不平沿射上的透雕动物似两只以首相抵的虎形。“六瑞”中有“琥”，琥为何物众说纷纭。

有人认为当是虎纹或虎形的玉器。清代学者孔广森认为半琮为琥，以背上有龃龉刻者似伏虎。已故著名考古学家郭宝钧同意他的观点。夏鼐则说："我们没有发现过'半琮'形的玉器。"现在这里清理出了半琮，也算是填补了空白。

在这些器物中，也有墓主的实用器物：玉首铜匕一柄。匕身青铜铸制，两面有刃，柄端为玉质环状首，呈圆角长方环形，四角各

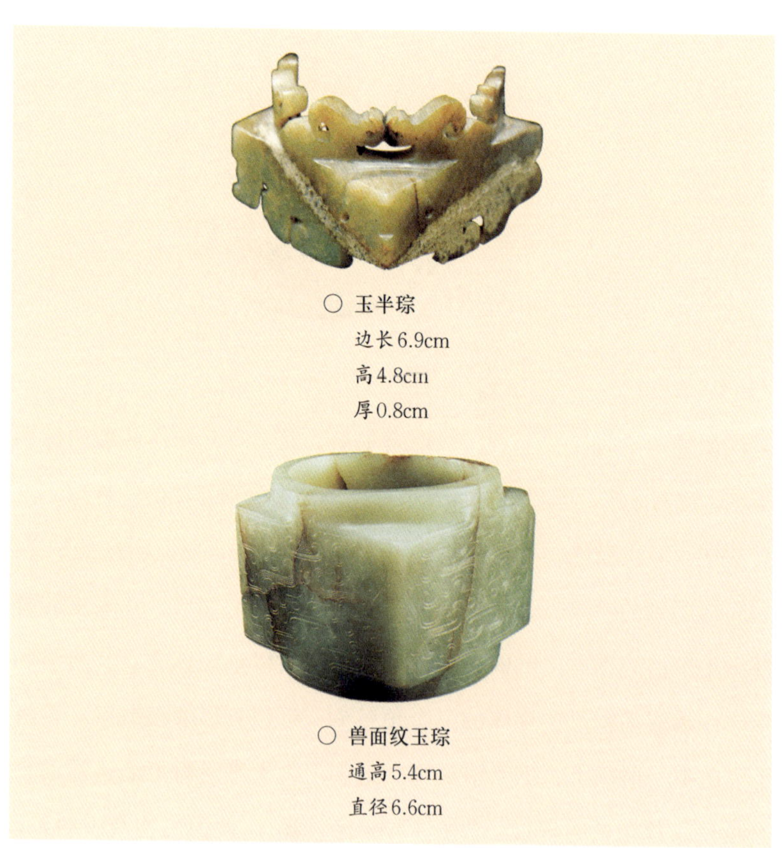

○ 玉半琮
边长6.9cm
高4.8cm
厚0.8cm

○ 兽面纹玉琮
通高5.4cm
直径6.6cm

接一透雕的龙首形装饰，首面阴刻窃曲纹，玉质青中带蓝点，有光泽，甚是美观。玉剑一具，青白色，体扁平，有剑首、茎、格、鞘、珌。剑首透雕出双龙，再于双面阴刻龙的细部特征。剑格先透雕，后于单面阴刻云纹，是此墓玉器中别具一格的器物。另有玉带钩、玉梳、玉方镯、玉扳指等实用器。

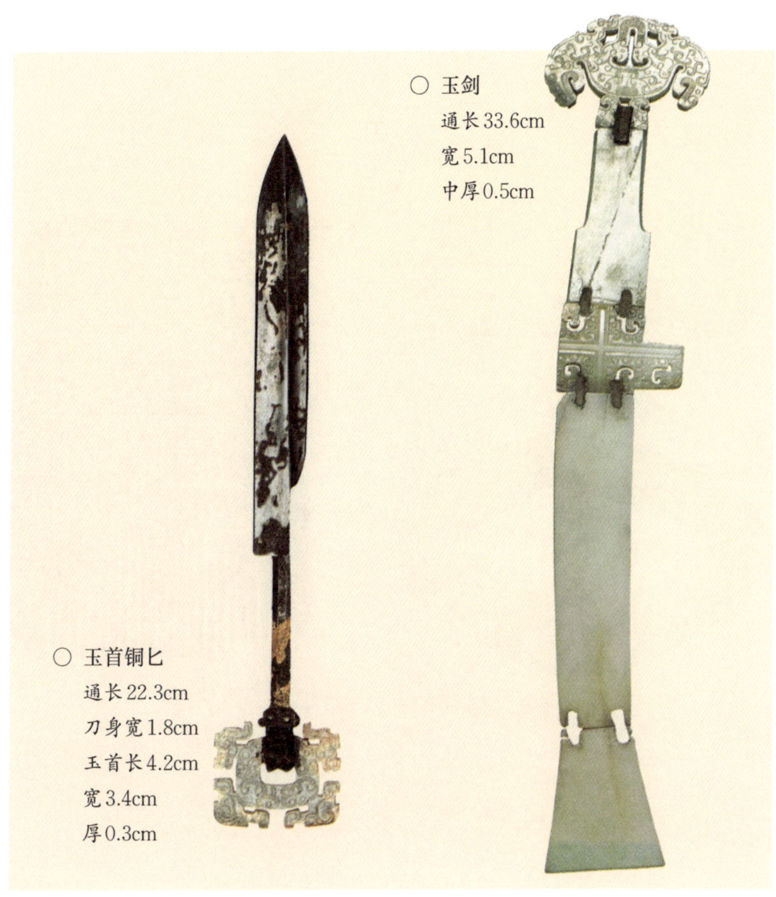

○ 玉剑
通长33.6cm
宽5.1cm
中厚0.5cm

○ 玉首铜匕
通长22.3cm
刀身宽1.8cm
玉首长4.2cm
宽3.4cm
厚0.3cm

○ 玉带钩

共出土7件，形制相同，皆琢成鹅首形。长颈扁喙，腹部正面及两侧阴刻花纹

身长4cm—6.2cm

腹宽1.2cm—2cm

厚0.7cm—1cm

○ 玉扳指

古代射箭所用

套指孔径长2.2cm

横1.9cm

○ 玉方镯

长7.2cm

宽7cm

高1.5cm

○ 玉梳

长9.6cm

齿口宽6.5cm

梳背宽6cm

中部厚0.4cm

葬玉是专用于随葬的玉器，多置于死者口中或其他部位。置于死者口中的叫玉琀，塞于口、鼻、耳内的叫玉塞，握于手中的叫玉握。古人有一种迷信思想，似乎以玉塞之，则尸体可以不朽。所谓“金玉在九窍，则死者为之不朽”。其实，这是不可能的。这些小动物雕琢得很精致，小巧玲珑，形象生动，体之大者不过如一粒豌豆大，小者仅一粒稻米大小。多取动物为形，极具动态。如狗作后仰状站立，前肢微屈，臀高于肩，抬头张嘴，一副昂首吠叫、咄咄逼人的姿态；牛、羊、猪憨态可掬；鸭或引颈平伸，或翘首以待，觅食与观望的神态一目了然。

玉器的琢制是一项艰苦的劳作，需要经过选料、开料、造型、琢纹、抛光及钻孔、镂空和难度较大的分雕连接等工艺才能做成。此墓玉器在选料上做到了因材施艺，根据玉料外形设计切合题材的器物，连残损玉器和边角余料也加以利用。同时，继承发扬了传统的巧用玉料调色的“俏色”工艺，将玉料上的瑕疵杂色巧妙地安排在物件的特殊部位，使之浑然一体。玉器的造型也有特色：一类为扁平体透雕或浮雕，一类为立体圆雕。前者居多，主要为佩饰；后者较少，主要为葬玉。

各式各样的串珠布满死者周身，多达222颗。串联的丝带虽已腐朽，但从其布局来看当为死者所悬挂饰物无疑。看到这些珠饰，人们自然就想到了“随侯珠”的传说。墓内并无夜明珠，但内棺遗物中清理出来的紫晶珠11颗、琉璃珠172颗，晶莹灿烂，饰有鲜艳的纹饰，极为秀美。琉璃珠均为蜻蜓眼式珠，每个蜻蜓眼中有一个

○ 玉握

两器大小相同

上端直径1.8cm

下端直径2.1cm

高4.8cm

○ 玉雕小动物

○ 琉璃珠

○ 串饰琉璃珠

○ 陶串珠

○ 紫晶珠

紫罗兰色,半透明,扁圆球体,中穿一小孔

直径0.7cm—0.8cm

孔径0.2cm

点，并有若干层眼圈环绕周围。不同珠的眼圈数也不相同，每珠的蜻蜓眼为孔雀蓝色。这种蜻蜓眼式琉璃珠与西方古代的蜻蜓眼式琉璃珠相似，但西方出土的实物年代较中国早，如巴比伦出土的琉璃珠年代可上溯至公元前2700年。因此，不少学者认为中国的琉璃珠是西来之物，而非本土所产。近年因长沙、陕西等地陆续出土琉璃饰物，又引起学者的讨论与争议。有人认为大批琉璃的出土，初步证实中国古代确实可能有琉璃珠生产，且从制作技术上看，年代还可能上溯至商朝。

北室的清理从5月31日始至6月10日基本结束。由于北室积满了水，甲胄残片漂满全室，掩盖了其他器物，给清理工作带来了许多困难。

考古队员先利用水的浮力，一层层取出业已散乱的甲胄残片，接着又取出最上一层车舆模型、伞盖及成捆的箭矢。不久，就传出了喜讯："发现竹简了！"竹简是用毛笔墨写文字的竹片，用绳线编连在一起就成了古代的书，大部分压在零星甲胄片之下，呈上下两堆叠压在此室的西北部，少量的已漂离。

有文字的文物出土，在考古发掘中具有十分重要的意义，因为它对于推断墓主及下葬年代起着决定性的作用。竹简的发现，令队员们兴奋不已。

但竹简出现的同时，也带来了如何保护的难题。竹简在地下埋藏已逾千年，处于饱水状态，出土后，一旦失水就会变形开裂，面目全非，甚至全部被毁。即使将其长期泡在水里，也会逐步腐烂或

○ 北室随葬器物出水情况
南部偏东处有2件大尊缶，车马兵器布满全室

者字迹脱落。好在发掘前我们已做了准备，请湖北省博物馆研究实验室的后德俊等人拟订了详细的方案，并准备了所需的工具、设备、器材和药品。

成堆的竹简，按其在墓坑的现状和盘托出，记明其方位；零星的竹简也同样做好记录，编好号，一根一根取出。后经整理，此墓共出土竹简240枚，计6996字，保存基本完好。在我国先秦古墓发掘中，一次出土这么多字的竹简，尚属首见。

竹简出土后的另一个难题是古文字的考释。现在出了这么多竹

○ 竹简

简，简文又那么多，金文数量也很大。发掘开始前，我们就和北京大学中文系裘锡圭、李家浩先生联系。现在竹简一出来，他俩就风尘仆仆地赶来了。他们与湖北省博物馆有关技术人员及摄影、绘图人员密切合作，先做好原始记录，再对竹简进行清洗，用草酸去污，字迹清晰显现出来后进行拍照与临摹，很快就弄清了简文的全部情况。

从简文来看，这是一份记载墓主人入葬时参加葬礼的车马兵甲的清单，亦称“遣策”。但字里行间却透露出许多重要的历史信息，比如曾楚关系。简文记载墓主人曾侯乙死后，赠车的人有王、太子、命（令）尹、鲁阳公、阳城公、坪（平）夜君……这些都是楚国的国王及其朝中官吏和封君，说明曾楚关系十分密切；从简文中曾人对楚王的称呼方式，也可见曾侯已经完全附属于楚；又从简文所记赠马者、御车者的称谓来看，御者虽是本国之臣，但其官名跟楚国一样，说明曾国不但附属于楚国，连国内的官制也取楚国之制了。简文还提供了许多有关古代车马兵甲及其使用配置的历史资料和关于古代葬仪的资料。

漂移满室的甲胄残片，表明当年下葬时甲胄是很多的，能不能找到几件外形尚存的以供复原呢？在发掘时我们心存侥幸。随着水位的下降，我们发现了两大堆甲胄片沉于椁底，编连绳线虽已不存，但还能看出一点编连的迹象，有复原出完整甲胄的可能。只不过这项工作需相当仔细而又很费时，在墓坑现场是无法完成的。

与甲胄同为防御性兵器的还有盾，在北室东室共出土49件，大

○ 漆盾

用木板或皮革做成盾胎，其上髹漆绘彩，背面安装木柄，手执盾柄，防御敌人刀、矛、戟、箭的攻击。此为正面，上有彩绘图案

○ 复原的着甲胄武士像

多数为木芯外髹黑漆或绘彩，也有皮胎髹漆的，一些盾上所绘花纹图案十分美丽。

长杆兵器的出水，是北室清理工作中最重要的一幕。北室出土各类兵器3304件，占全墓出土兵器的五分之三还要多，而长杆兵器全部出在北室。从种类看，有矛、戟、殳、晋杸等，其器头均为青铜铸制，器尾有青铜的，也有骨、角的；杆用木杆或积竹木，积竹木即以木杆为芯，外包等长的竹片，再缠丝线，上漆。长均在3米以

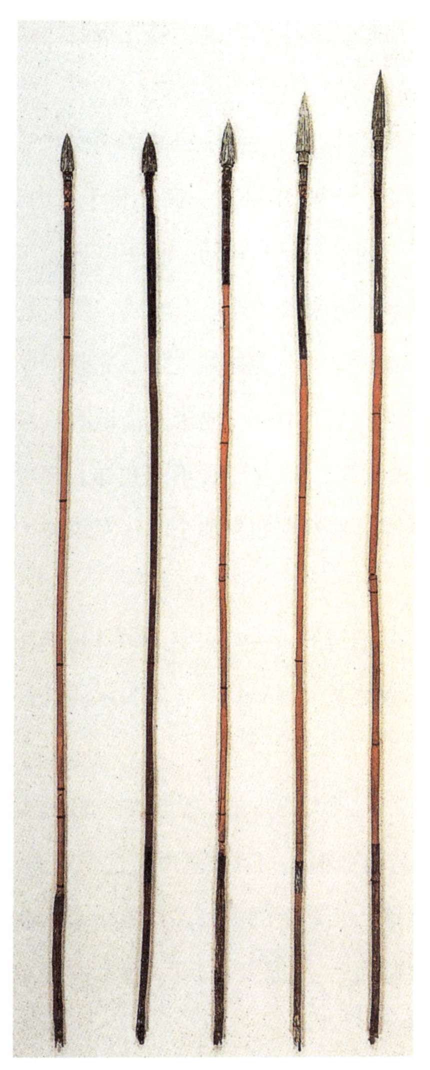

○ 带镞箭矢

○ 铜箭镞

上，也有长达4米多的。这种将木、竹、丝、漆多种材料复合而成的积竹柄，比单一的竹、木柄或金属柄都要适于车战，是先秦时代兵器制造技术的一大创举。

此墓出土铜箭镞4507枚，是历年来考古发掘中最多的一次。箭镞仍装于箭矢上者亦多达590余支，一般为50支一捆，装于箙内，保留了当年箭矢的原始状态。完整的箭矢形制相同，长短略异，竿均为竹竿做成，竿的上下两端有8—15厘米，外缠以丝线，线后髹漆，有的下部还残留羽毛，末端有一缺口当为挂弦之用。完整的竿连镞长67—71厘米，上下基本等粗，径0.4—0.7厘米。箭镞有三棱形、双翼形、方锥形、圆锥形4种形态，多达17种不同式样。多数有倒刺，倒刺数三、六、九个不等，显然它们是那个时代军事技术进步的产物。

北室清理出长柄细矛48件，其铜铸的矛头与东室的一件短柄矛相比，较为短小，当是有利于车战之故。其柄除了3件为木质长杆外，其余均为积竹木。

长杆兵器殳的露面，引起了人们极大的兴趣。殳头如三棱刮刀形，三面有刃，刃薄如纸，三面皆有血槽，一旦被刺中，性命难逃；殳首下或杆的前端还有刺球或箍球，刺球上的尖刺多达数十个，在行刺的同时还可以砸击，既是“刺兵”，又是“击兵”。显然它比单戈或单纯的戈矛结合杀伤力更大。

最早有关殳的记载见于《诗经》，有“伯也执殳，为王前驱”之语，其后史籍里也屡有提及。殳是什么？是兵器还是仪仗用器？无

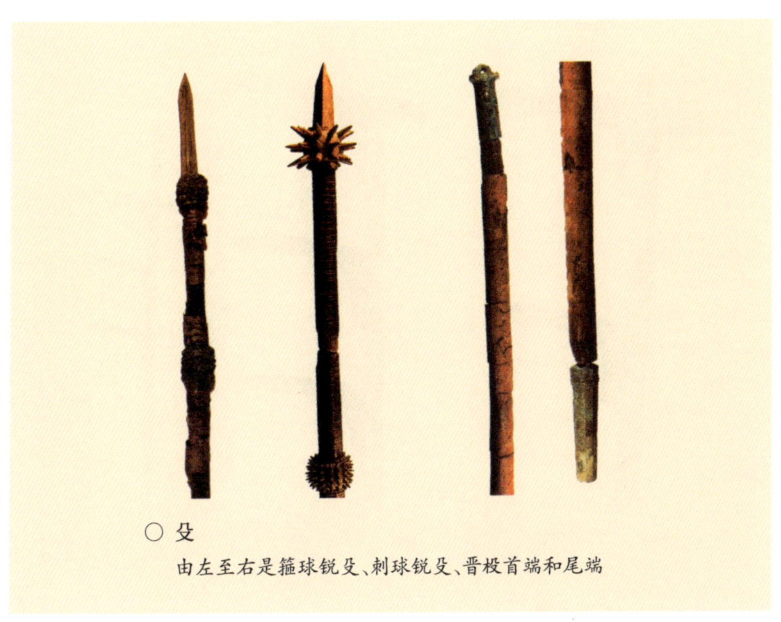

○ 殳

由左至右是箍球锐殳、刺球锐殳、晋杸首端和尾端

从知晓，考古发掘也不多见，或者已有出土无人敢识。现在北室出土7件殳，3件上的铭文明白无误地写着“曾侯越之用殳”。负责文字记录的程欣人见此兴奋不已，忙说：“千年之谜，今可解矣！”后经一番精心考证，下了结论：殳就是这种三棱矛状的长杆兵器。

30件戟的清理出水也引人注目，因为此次出土的戟头有由三戈一矛组成的，也有无矛而由三戈或两戈组成的。戟到底是什么样的，过去看法不一。郭沫若在《说戟》一文中认为：戈矛结合才是戟，主要特点在于有没有矛这种用于刺杀的兵刃。后来这种形态的戟屡有出土，郭说遂成定论。但《说文·戈部》说：“戟，有枝兵也。”什么是“有枝兵”呢？说法不一。现在出土的30件戟中，无矛而由

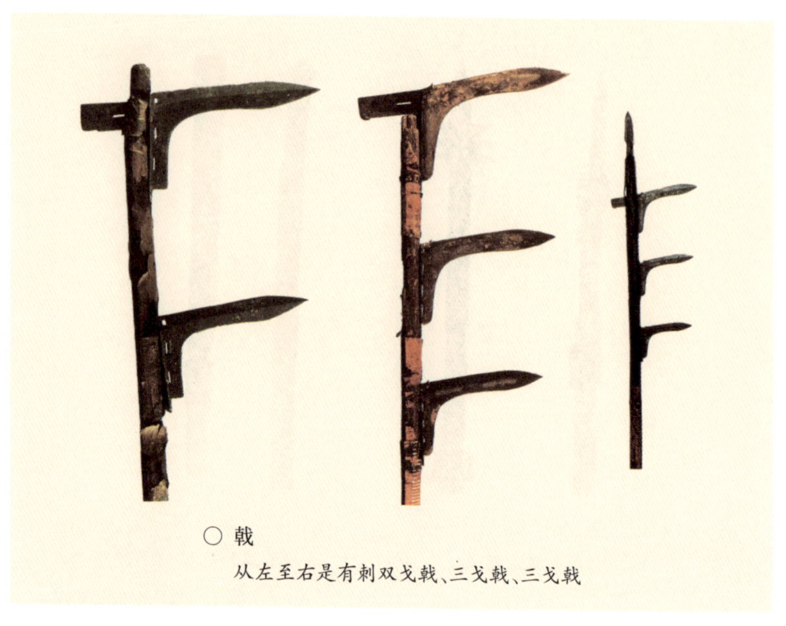

○ 戟

从左至右是有刺双戈戟、三戈戟、三戈戟

三戈或两戈组装的戟，大多数都有“用戟”或“行戟”的铭文，明白无误地说明它也是戟。由此可知，两戈或三戈结合也是“有枝兵”，戟的特点在于“有枝兵”而不在于是否有“刺”。多年的疑窦涣然冰释，队员们感到非常欣慰。

戟头上的铭文除了在学术上为人解疑，还在其他方面给人以惊喜。尤其是两件戟头上的错金鸟篆铭文中及一件戟头内（nà）上，有4条龙兽图形构成的“曾”字，引起了在场的古文字学家、美术家的极大兴趣。鸟篆文又称鸟书、虫书或鸟虫书，是春秋战国时期特有的一种文字。它是在应有的笔画之外，加一些鸟、虫、龙之类的纹样为装饰，把文字艺术化了。而由龙兽等构成的图形文字，也称

○“曾”字图徽放大摹本

图徽。郭沫若说：“这种文字是古代民族的族徽，也就是族名或国名。”

陆续清理出来的车軎达76件。车軎是古代的车具，装在车轮轴头上以防车轮脱落。古代多以车马具象征车马随葬，一对车軎象征一乘车，一副马衔及一对马镳象征一匹马，这样算来，墓内共随葬了38乘车。车軎形制不一，但大多周身饰有精致花纹，有一件还铸有铭文，不失为很好的工艺品。尤其引人注目的是有两件矛状车軎，它是軎在外端还附铸有矛，矛身末端略弯翘，显然是为了加强车战中的杀伤力。战车上加装刀刃，这在远古中国极为少见，迄今最早的发现是在陕西户县宋村春秋墓中。文献中一般称这种加刀刃的车

○ 矛状车軎

左长37cm,右长41.4cm

○ 铜车軎

根据端部的不同可分为圆形、多棱形、带矛形三种式样,图为其中一部分

为“销车”或“冲车”。此墓出土的两件矛状车軎，分属两辆车，似为两辆车左右配合使用。

在西洋史上，使用刀轮战车的记载较多，如波斯王大流士与亚历山大大帝作战，都用两百辆刀轮战车并配以马甲、长杆矛攻击对方。波斯人的刀轮车的刀刃是从轮中轴两端向旁伸出，正与曾侯乙墓矛状车軎同制。此矛状车軎的出土表明，在曾侯乙之时，中国古代战车的制作与车战技术处在世界的前列。

曾侯乙所处的春秋战国时期，是中国历史上一个大动荡、大变革的时代。周室衰微，诸侯割据，列国争霸，征战频繁。各诸侯国力图取得战争的胜利，竞相发展自己的军事手工业，从而引发了列国之间的军备大竞赛，促进了军工领域里科学技术的大发展、大提高。此墓出土15000余件随葬品，兵器、车马器占了三分之一；且各种兵器无所不包，有些还是我国兵器史上的首次发现，即生动地反映出这一点。

北室最后取出的是2件大尊缶。它是北室内最早为人所见，却最后才被取出的，因为它们是此墓出土青铜礼器中最大最重者，同时也是目前我国考古所见同类器中之最大最重者，属先秦青铜礼器之重器。造型和铸造也十分讲究，当为储酒之器。从其容量及所在位置分析，很有可能是军中用器，储酒以备军士出征时祭祖誓师之用，故葬于北室“武库”之中。

北室清理完成，揭开了深藏地下的一个古代武库的秘密，人们得以管中窥豹，从一个侧面了解到2000多年前有关战争的若干情况，

○ 大尊缶

通高124.5cm

口径48.4cm

足径69cm

重327.5kg

○ 大尊缶局部

增添了许多有价值的科研史料。

西室自从鸳鸯形盒出水上岸以来，一个多月来一直冷冷清清，所获极少。

待积水排尽后，西室全貌也展现在眼前。此室共有木棺13具，少数棺身与棺盖尚在一起，而多数已分离，横的横，竖的竖，歪来倒去，有的盖朝上，有的底朝天，有的侧身靠在墙边，互相挤压，乱成一团。显然，这绝非当年下葬时的原状，是积水使其浮动位移

○ 西室陪葬棺出水情况

之故。木棺虽都髹漆绘彩，但并不华丽，与墓主人的棺相比，更觉十分简陋。除这些木棺外，椁室底板上又见一些散落的尸骨和腐烂的竹席，间或有一二件小型玉、石、木器，十分凄凉，与其他三室形成鲜明对比。

13具陪葬棺各有人骨一具，经过医学解剖专家及古人类学家的鉴定，全为女性，年龄在13—24岁之间。她们的骨骼基本齐全，未见刀砍斧伤痕迹。

有人会问：为什么要把这么多的女子埋入同一个坟墓呢？她们是些什么人，是干什么的呢？她们是怎样被埋葬的呢？是活埋的，还是杀死后埋进去的？既是殉葬者，为什么每个人还要用木棺装殓呢？

活着的人为死去的人殉葬，谓之“人殉”，这是人类发展史上曾经出现过的一种野蛮习俗。

○ 墓主人、殉葬女和殉葬狗的骨架

西亚两河流域、古埃及的人殉习俗发生于原始社会向阶级社会过渡时期或阶级社会初期。而我国考古发掘最早的人殉现象在甘肃齐家文化（约公元前2000年）氏族墓地已经见到，如甘肃武威皇娘娘台墓地发掘的88座墓中，有一男二女合葬墓3座，男性仰卧居中，两名女性侧身屈体面向男性俯贴于其左右两侧，显现男尊女卑。专家认定其属妻妾殉夫性质的人殉。在湖北，目前考古发现的人殉现象最早见于黄陂盘龙城李家嘴2号墓，殉人3个，其中有1个孩童，时代为距今3500年的商代，当属奴隶殉葬，反映出奴隶社会中奴隶主对奴隶的残酷压迫。

河南安阳殷墟考古发掘的许多墓葬，都有人殉和人牲（用人祭祖）现象，少则数人，多则数百人，其状惨不忍睹。牲人的对象大多为战争中的俘虏，殉人则不然，这时候已从前述原始社会末期兴起的妻妾为殉逐步扩大到近臣和近侍为殉。人殉的这种变化反映了人与人之间不平等关系的加剧，阶级剥削与压迫更加残酷。

关于东周时期楚地人殉，古文献中也有不少记载。《史记·楚世家》记载，楚灵王因内乱外逃，申亥为了报答他不杀其父申无宇之恩，把他接到家中藏匿起来。不久灵王悲愤自杀，申亥胁迫自己的两个女儿作为人殉而安葬了他。

又如汉刘向所撰《列女传》中记述，楚昭王有两个爱妃越姬和蔡姬，有一次昭王和二姬同游于田野，王对二姬说："我愿与你们生如此同乐，死亦如此如何？"蔡姬说："我愿与王生同乐，死同时。"越姬则说："我不敢从命。"25年后，王率师救陈，二姬同行，王重病军中，越姬对王说："大哉君王之德！以是，妾愿从王矣。昔日之游淫乐也，是以不敢许，及君王复于礼，国人皆将为君王死，而况于妾乎？请愿先驱狐狸于地下。"遂在昭王的病榻前自杀殉王，不久王死于军中。这是爱妃为王殉葬的一例，是自愿从死。

西室位于中室之旁，有门洞与中室相通，而中室是墓主人钟鸣鼎食、宴飨作乐之处。由此推测，这里陪葬的13名女子很有可能是宫中的乐舞奴婢，生前为墓主人唱歌跳舞作乐，死后为之殉葬，当属被迫从死，与东室8名女子有所不同。

这些女子是以何种方式殉葬的呢？有人推测很有可能是采取"赐死"的方式，即由王室赐给每人一条丝绸带，自缢身亡后，装殓

○ 工作人员在对各类棺进行清理保养

此墓共出土各类木棺24具，计主棺2具、狗棺1具、殉葬棺21具

入棺和墓主人一道埋入椁室。这看起来好像比商代的“杀殉”“活埋”有进步，但本质上仍然反映出当时人与人之间的不平等和阶级压迫之残酷。

三个半月过去了。经历了高温酷暑、骄阳烘烤和蚊咬虫叮的考验，到6月28日，大墓发掘的现场清理全部顺利完成。

此后，又用了近两个月时间，对出土文物进行了全面的清理核对，确知此墓共出土各类文物15000余件：乐器9种125件，青铜礼器和用具37种143件，兵器8种4777件，车舆和车马器9种1127件，漆木器26种5012件，金器4种9件，金箔13种940片，玉石器26种602件，竹简240枚。营建此墓，共耗去圆木约500方、青铜10.5吨、黄金8430余克。数字是枯燥的，但它表明了一个无可争议的事实：这里的确是一个巨大的地下宝库。

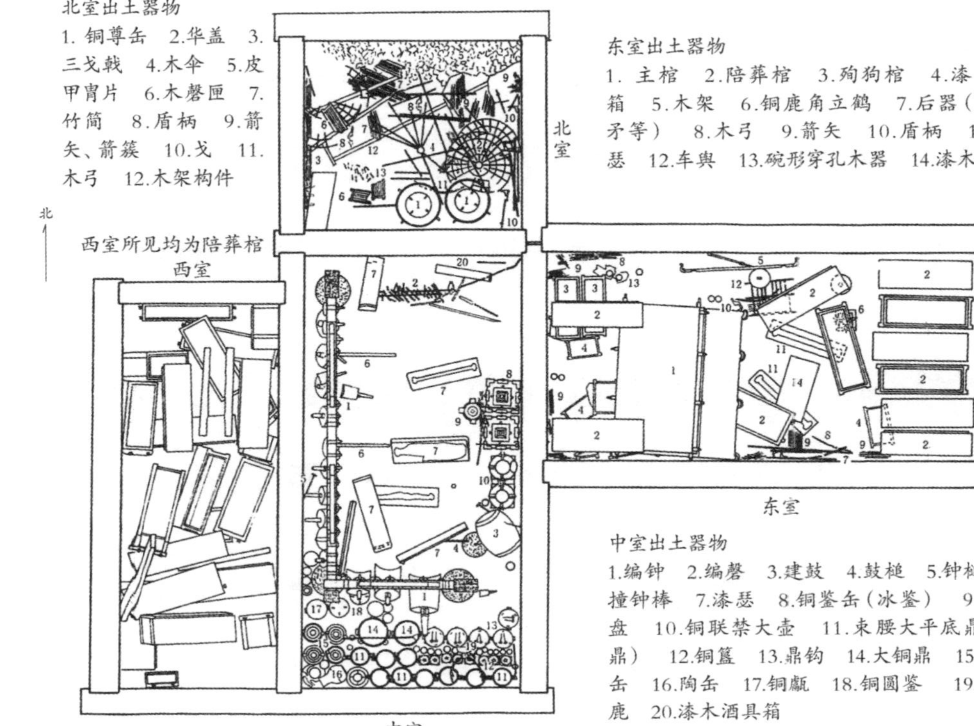

○ 曾侯乙墓出土器物位置图

[illegible](陽)城君之⿺辶各(路)車三䡴(乘)屯麗

鄴君之⿱吅巾⿺辶各(路)車一䡴(乘)麗

坪夜君之⿱吅巾⿺辶各(路)車二䡴(乘)屯麗

大(太)子⿱吅巾三䡴(乘)⿺辶各(路)車亓(其)一䡴駟亓二䡴屯麗

王⿱吅巾一䡴(乘)⿺辶各(路)車麗兩騑

3 墓主之谜

墓主是谁

擂鼓墩一号古墓发现以后，关于墓主人是谁，其身世如何，引起人们极大的兴趣。

这座古墓，不像我国其他一些有名的古墓，文献上有明确记载；也不像有些古陵墓，墓前有碑，或墓内出有墓志铭、告地策（给地下官吏的文书）、买地券或者简牍，铭刻墓主姓名及生卒年月等，可确知墓主为谁；或者在当地百姓中口碑有传，从中可略知一二。因此，在发掘伊始，还不能马上得知墓主的身份。

那么，考古人员通过什么方法来确知墓主身份呢？他们一般运用考古学上最常用的两种方法：

一是从墓内随葬器物上的铭文直接推断。古人“事死者如事生”，往往将死者生前使用的物品葬入坟墓，或者依死者生前所好专门制作一些物品随葬，这些物品上常铭记有物主姓名或其功名事迹，从中可以得到不少信息，这种推断往往是可靠的。有些墓内还葬有别人送给死者的祭器，除留有赠者的姓名外，也常留下受赠者的姓名和官职等文字材料，从此亦可以推断出墓主是谁，这种推断也是可信的。

二是从古墓葬制、随葬文物组合，间接推知墓主的身份等级。这也是十分必要的，尤其在严格讲究礼制的两周古墓中，往往从墓内随葬品的多少就能推知墓主的贵贱尊卑、身份等级。有人从此墓规模之巨、埋葬之深、构筑之严实、充填木炭之多、用白膏泥密封等情况分析，墓主当为王侯一级贵族。但这种猜测，当时还没有充足的依据，未引起热烈的讨论。

当中室编钟出水，人们发现中下层45件甬钟上均有“曾侯乙作持”铭文，下层一件大型镈钟上又有“隹王五十又六祀……楚王熊章，作曾侯乙宗彝……”31字铭文后，工地上开始热闹起来了，关于墓主人是谁的争论渐趋热烈。

负责中室清理发掘的、以武汉大学考古学教授方酉生为代表的考古人员首先提出：甬钟上的“曾侯乙作持”5字铭文，清楚地写明甬钟是曾侯乙自己所作和持有享用的，死后葬入坟墓，因此墓主应是曾侯乙。

另有学者认为，从甬钟上的铭文看，它写明楚惠王作“曾侯乙宗彝”，表明编钟及其他青铜礼器皆楚王所作；该墓在楚国疆域内，除楚国外，不可能有另一个诸侯国，铭文中的曾，只能是楚国所封附属国。因此，此墓有可能是楚王墓，墓主为楚惠王。

其后负责北室清理的考古人员，又在青铜兵器上发现有“曾侯(越)”“曾侯與”铭文，且在兵器中这些铭文比“曾侯乙”铭文出现的次数还要多，因此他们认为发掘尚在进行，现在就说墓主人是曾侯乙为时过早，安知就不是曾侯越、曾侯與?

而来工地参观考察的武汉师范学院教授曾昭岷、华中师范学院教授李瑾则认为此墓的主人绝非曾侯乙。理由是：与此墓镈钟铭文

○ 中下层长枚甬钟

○ “曾侯乙作持”铭文

相同的钟在宋代即有出土，而有“曾侯與”铭文的铜器过去在别的地方也出土过，说明有相同铭文的器物早期便多散佚，物已不属原主，因此墓中出有“曾”铭的器物，与墓主之间并没有必然联系。

墓主到底是谁，众说不一。

那么，曾侯越、曾侯與、曾侯乙，他们之间是什么关系，大家意见也不一致，有人认为是同一人，也有人认为是三代曾侯。

进入发掘后期，在室内整理文物的时候，发现青铜尊盘盘内底有“曾侯乙作持用终”7字铭文，从字体到排列显系两次形成，即有改刻的情况。经仔细观察，原铸铭共6字：“曾侯與之隮（?）盘（?）”，后将第三、五、六字磨掉，改刻为“乙作持用终”，但“與”字刮得不彻底，仍依稀可见，“持”字则系利用原“之”字加刻而成。又如前所述，铭有“曾侯”的铜器，此前即已有传世。由此可知“與”与“乙”并非同一人，“與”在“乙”之前，当为乙的先君。

至于曾侯越，墓内没有直接可资论证的材料，但大多数人认为越与乙是两个人，越也可能是乙之先君。这个论断，十几年后得到了证实。1992年，随州东郊义地岗出土了一批铭有“曾侯䞣”的青铜器，时代比曾侯乙墓要早，约在春秋晚期，这就证明曾侯越与曾侯乙应为两代曾侯。

三个曾侯谁是此墓的主人呢？在对此墓有铭文的青铜器做了全面考察后，结论就出来了。首先，45件甬钟上均有“曾侯乙作持”铭文，表明钟是曾侯乙为自己作并持有和享用，死后带入坟墓的。因此，他应当是此墓的主人。

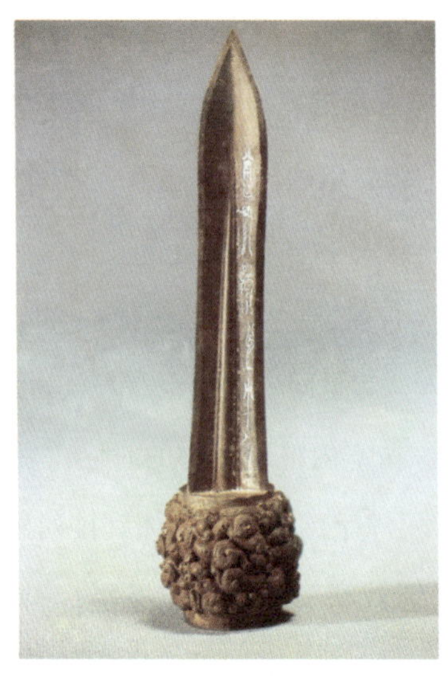

○ 殳首

殳上铸刻“曾侯越之用殳”铭文

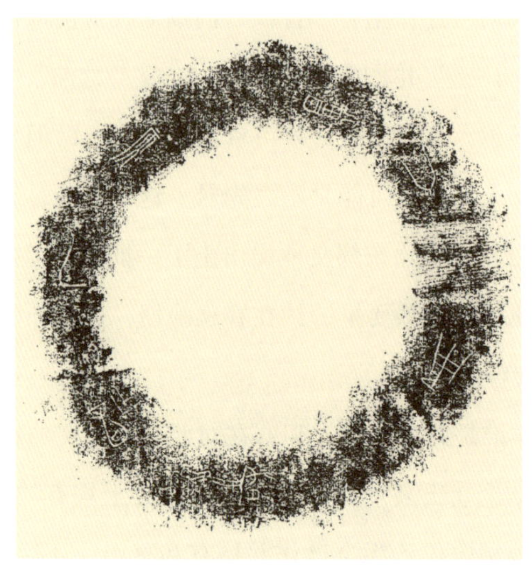

○ 改刻之青铜尊盘盘内底上的铭文拓片

其次，镈钟的31字铭文说的是楚惠王在位第五十六年时，收到从西阳发来的讣告，获悉曾侯乙死了，于是为他铸了一套宗彝，送到西阳以示祭奠。曾侯乙是这些宗彝的受赠者，故墓主当为曾侯乙。

再次，墓内出土有铭文的各类青铜器，“曾侯乙”三字共出现208处。在考古发掘中，同一人名作为物主如此多地出现于一座墓的器物上，还没有先例。除了个别铭文为“曾侯乙作持”外，绝大多数铭文皆为“曾侯乙作持用终”。这也说明这些铜器在入葬前为曾侯乙所有，死后葬入他的坟墓。

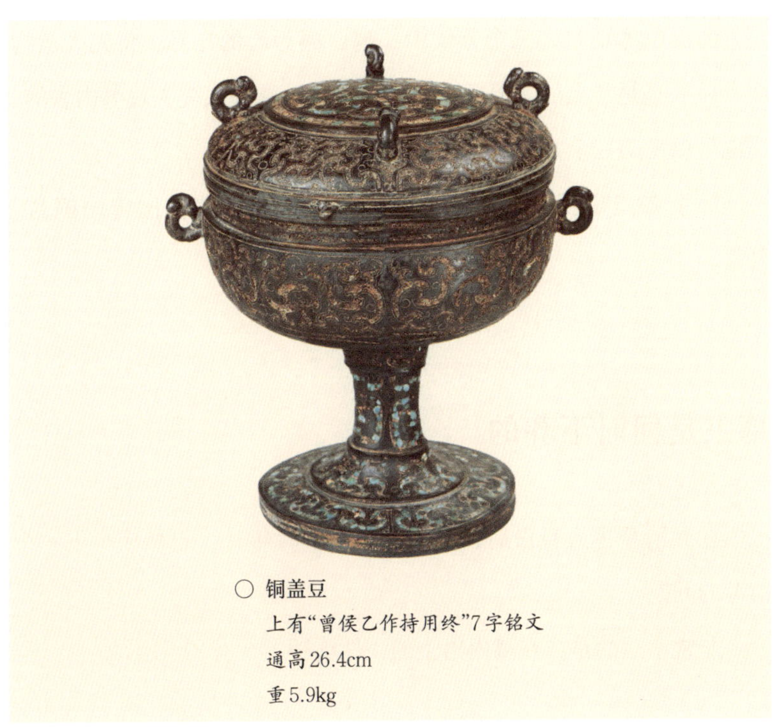

○ 铜盖豆
上有“曾侯乙作持用终”7字铭文
通高26.4cm
重5.9kg

最后，青铜兵器中有戈66件，其中有“曾侯乙”铭记的计38件，占戈总数的一半以上。而有其他“曾侯”铭记的戈（如“曾侯越之用戈”）只有10件，只占很小部分。出土的有铭文青铜戟中，虽然“曾侯乙”铭出现的次数不及“曾侯越”和“曾侯與”多，但值得注意的是，其中铸得最精、铭文有鸟虫书错金的皆为“曾侯乙之戟”，有一件上还有“曾”字图徽。更有力的证据是，在东室主棺旁出土了一柄短柄铜戈，上有“曾侯乙之寝戈”铭。古籍记载：“寝戈，亲近兵仗。”古人视棺如寝，此戈显然是墓主人近卫武士所持，故死后仍埋在其近旁。这一切都足以证明，墓主人只能是曾侯乙。

前面已考证过，三个曾侯中，越、與为乙的先君，将先人遗物埋入后人墓是常见的，但后人之物是绝不可能埋入先人坟墓内去的。这也足以证明三个曾侯中，乙当是此墓的主人。

综上各点说明：此墓墓主只能是曾侯乙，诸侯国曾国国君，名乙。

墓主是何时下葬的

在弄清墓主人身份后，关于墓主的下葬年月，自然成了下一个稽考的问题。

非常幸运的是，在墓内出土的一件镈钟上，有31字铭文：

佳王五十又六祀，返自西阳，楚王熊章，作曾侯乙宗彝，奠之于西阳，其永持用享。

铭文中蕴涵相当珍贵的历史信息，成为考古人员为此墓断代的主要依据。

经考证，这31字铭文说的是楚王为曾侯乙作宗彝的事。

“佳王五十又六祀”，指这位王在位的第五十六年。“楚王熊章”，即指楚惠王。据史籍载，楚国共有40余位王，在位超过56年者唯有楚惠王一人，而楚惠王的姓名正是熊章。楚惠王五十六年是公元前433年，说明这套宗彝铸于这一年，现葬于墓中，则表明此墓下葬最早只能在这一年，不可能更早。但是不是就葬于这一年呢？还得做进一步研究。

铭文中的第八字“返”，也引起了学者们的兴趣。对此有两种解释，一说“返”是报丧的意思，“返”自西阳，即指楚王得到从西阳来的讣告，得知曾侯乙去世，于是铸一套祭器送到西阳去祭奠他。但另一说认为“返”就是返回，铭文意思是说楚王从西阳返回楚都王宫，铸了一套祭器送给曾侯乙，此时曾侯乙还没有去世。如果是这样的话，曾侯乙到底是何时下葬的，还很难说。

但不管怎样，将曾侯乙墓的年代大体上断在公元前433年或稍晚，是不会错的，此时正当战国时代早期，即公元前5世纪之初。

除了根据铜器铭文来推证外，考古人员还获得了其他断代法的佐证。

○ 青铜镈钟

上有31字铭文

一是考古类型学断代的佐证。从此墓出土物中选取几种常见器物，如升鼎、簠、簋、盥缶、缶和壶，与已知明确为春秋晚期的几个墓葬，如淅川下寺三号墓、安徽寿县蔡侯墓以及战国晚期的安徽寿县楚幽王墓出土的同类器物相类比，明显可见与淅川下寺三号墓及楚幽王墓相差甚远，而与蔡侯墓最为接近，有的甚至是相同的。因此，可以推断曾侯乙墓应与蔡侯墓时代相当或相近，为前条铭文断代提供了有力的佐证。

二是碳-14年代测定的佐证。中国社会科学院考古研究所、北京大学历史系考古专业和文化部文物局文物保护科学技术研究所三家单位对此墓木椁及木炭标本进行放射性碳素实验测定，考古研究所测得年代分别为：公元前325年，公元前265年，公元前330年；北大考古专业测得年代分别为：公元前490年，公元前420年，公元前525年；文物局文物保护科研所测得年代分别为：公元前425年，公元前335年，公元前450年。

虽然因标本采集部位和实验室条件不同，造成三个单位所测数据有所不同，但从上述数据可知与铭文断代推定的公元前433年或稍晚，还是基本吻合的。

曾国之谜

早在北宋时，湖北安陆一带就曾出土过2件有铭文的曾侯钟，铭文内容与曾侯乙墓出土的镈钟铭文相同，都是记录楚惠王在公元前433年为曾侯乙作宗彝的事。钟已散失，但铭文的拓片流传了下来，郭沫若已将其收入所编《两周金文辞大系图录考释》一书并做了考证。

1933年，安徽寿县朱家集楚王墓出土一对有铭文的大型曾姬壶。1966年，湖北京山苏家垅出土97件西周晚期至春秋早期的青铜器，其中10件有铭文，证明这些铜器都是曾国王室成员的，由此可见铜器出土地这一带有个曾国。此后，在湖北的随县、枣阳、京山、襄阳及河南的新野也陆续有铭文为曾国的铜器出土。但奇怪的是，中国古籍上虽有关于曾国历史的记载，可地点却不在这一带，而这一带据记载曾有一个随国。这是怎么回事呢？人们做出了不少推测。

一种看法认为：曾、随是同一国家，属于一国二名。证据是，铜器铭文中的曾国与文献记载中的随国族姓相同，均为姬姓封国；地望相同，均在以随枣走廊为中心的这一带；时代一致，均在西周至春秋晚期或战国早期。类似情况中国历史上并不少见，如楚又称荆，魏又称梁，韩又称郑，杞又称淳于等。

另一说认为：曾是曾，随是随，二者不可混同。论者认为上一说三条理由不足为证。说族姓相同，而实际上文献所载春秋以前同时存在几个曾国，但全是姒姓，而随国为姬姓，因此说两者族姓相同不能成立。说地望相同也不确，因为这里后来都为楚地，两国后来也都是被楚所灭，故不可能同时存在。说一国二名也证据不足，因为历史上之所以出现一国二名大都有其历史原因，多数是其都城所在地，以都名为国名。如杞国建都淳于故又称淳于，魏国建都大梁故又称梁；或者是因迁都所致，如韩国迁都新郑以后称郑。而随与曾既非都城所在地，亦未有迁都的证据，故不可能是一国二名。

第三种看法认为：随灭曾后，延姬姓宗嗣。据文献记载，随县及其附近地区在春秋和战国初年为随国之地，系周天子所封的姬姓诸侯。而据出土青铜器铭文，这里亦有一个曾国为姬姓，而文献所载为姒姓，怎么又变成了姬姓呢？有学者认为，在春秋前期，楚国逐渐强大，随国虽然不如楚国强大，却也是汉水东面的大国。它常常同附近的一些小国联合起来抗拒楚国，楚随之间常有征战。但在公元前640年（楚成王三十二年），随联合汉东诸侯叛楚，楚国斗谷於菟率兵伐随，结果两国媾和，随成了楚国的属国。到了公元前506年，吴人侵楚，楚昭王出奔抵随，随侯保护了楚昭王，从此楚随关系发生了重大变化，由敌视变为友好，随国亦因此强大起来。它也仗着楚国的支持灭了姒姓的曾国，迁都于曾，也就是西阳，并自称为“曾”，因之则姒姓的曾国变为姬姓的曾国了。

第四种看法认为：是曾灭随，据其国土。据史籍记载，周初有三个曾国，分别写作曾、鄫和缯，写法不同，实际只是一个曾氏，是一个很古老的民族集团，史载的三个曾国都是它的后裔，但它们后来都被别国所灭。随国则是汉水之东的一个姬姓诸侯国，因封地在两湖盆地的东北隅，是这一带地域较广的一个国家，《左传》中有“汉东之国，随为大”之誉。这时的楚国虽然是周王封的一个异姓国家，但受封之后有很大发展，正在一天天壮大。中国史籍中虽有这两个国家彼此征战或友好往来的记载，但楚对随始终心存戒备，一次又一次征战花费了相当大的代价却仍没有将其消灭掉，成了心腹之患。可能就是在这样的情况下，楚国唆使曾氏钻进随国去，进行颠覆活动并取得成功，把姬姓的随国一变而成为姒姓的曾氏的随国，从此楚国和这个新的随国结束了兵连祸结的历史，代之以血肉相连、生死与共的关系。从而有了吴师入郢，楚昭王奔随，随人拒绝交出楚王，保护了楚国等一系列故事的发生。曾侯乙墓的这个曾，正是在楚的帮助下灭了随国而建立起来的曾国。

综上诸说，各有各的依据，但至今尚无令各方都信服的结论，还有待进一步的探索。但不管如何，这些争论或者补了史籍的阙如，或者启发人们去进行新的思考，从而促进了历史研究，特别是促进了湖北地方历史研究的繁荣。

曾楚关系

如前所述，曾国铜器多出土于随枣走廊一带，北及河南新野，南到安陆京山，这一带应是曾国的腹心区域，而这里又恰是江汉平原通往中原的要冲，是楚国问鼎中原的必经之地，这就注定了曾楚在这一带的频繁交往。曾侯乙墓大量文物的出土，为后人了解曾楚关系提供了大量新鲜材料，获得了许多新的知识。

其一，楚惠王为曾侯乙铸宗彝，意在报德；曾国王室将所赠悬在钟架最显著位置，意在尊重，表明曾楚关系非同一般。

编钟为礼乐重器，从我国考古发掘所见，一国君主为他国君主铸造宗彝，目前仅此一例，非同寻常。那么楚惠王为何要这样做呢？我国学术界对此有两种不同看法。持曾随为同一国家说者认为，据《左传·定公四年》记载，公元前506年，吴国军队在孙武、伍子胥指挥下攻进楚国郢都，楚昭王（楚惠王的父亲）仓皇出走，逃亡到随国，得到随侯的保护。吴军尾追而来，要求随侯交出楚王，承诺把汉水以东土地划归随国作为交换条件。那时楚昭王躲在随国王宫之北，吴军已进抵随国王宫之南，局势相当危急。随侯不顾吴军的威胁利诱，对吴军说："随是个偏僻狭小的国家，距离楚国很近，楚国在事实上保全了我国的存在，我们两国世世代代都有友好盟约，到现在一直没有改变。如果我在楚国有危难的时候便背弃它，这样不守信义，以后又怎么事奉您呢？楚国同您为敌的忧患，不只是楚昭王一个人，如果您把整个楚国安定下来，我怎敢不听从您的命令呢？"随侯拒绝交出楚王，为楚赢得了时间。之后楚国大夫申包胥到秦国求援，在秦哀公派兵援助下，楚国得以复国。因此，学术界有人认为楚惠王正是为了感谢随国（即曾国）救父之恩，故在其后裔曾侯乙死时铸宗彝以示报德。

当然，也有持异议者认为赠送镈钟是当时曾侯所处地位和楚王政治斗争的需要所决定的，不可能出于报德。但从另一方面来看，曾国王室在下葬曾侯乙时，把楚惠王赠送的这件钟挂在钟架下层最中间显眼处，为此还把这里原来挂着的一件大甬钟挪了位，并挤掉

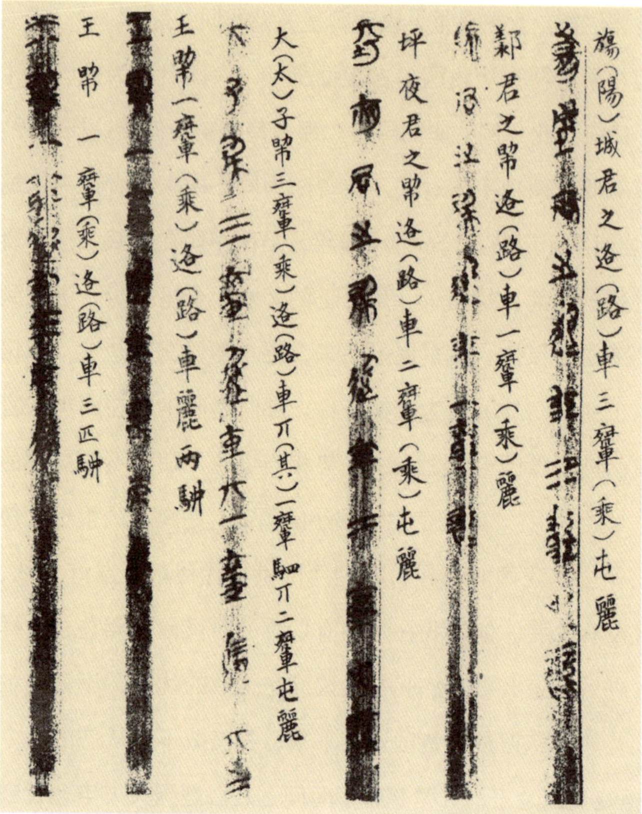

○竹简及释文
记有楚国国王、太子及楚国封君（如平夜君、阳城君等）为曾侯乙赠送葬仪的内容

了这座编钟中最大的一件甬钟没有下葬，足见曾国对楚王所送礼品的高度重视，此亦表明曾楚关系非同寻常。

其二，此墓出土竹简，为记载参加葬礼的车马兵甲及其馈赠者的清单，其中就有王、太子、令尹、鲁阳公、阳城君、平夜君、鄎君等。后面四位封君史籍有载，都是楚国的邑君，可见前面所记的王、太子和令尹亦当是楚国的国王、太子和令尹。要不是曾侯乙生

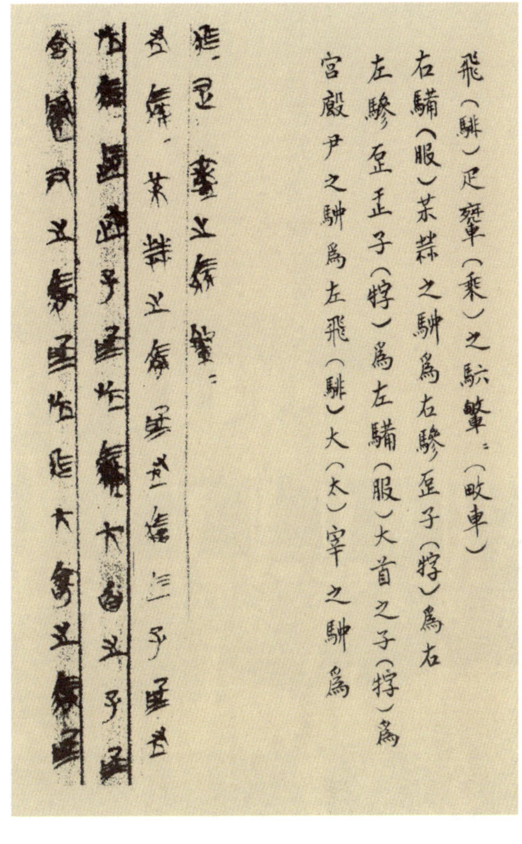

○记载有『宫厩尹』等官名的竹简及其释文

前楚国和曾国关系密切，死后何以如此呢？可见他们的关系非同寻常。

其三，从竹简文字记载为曾侯乙送葬的御者的官衔来看，亦可见其关系密切。一般而言，这些御者应该是曾侯乙的属下曾国的官员，但他们的官衔如宫厩尹、宫厩令、审敖令、新官令、右令、左令、令连敖等，与楚国官名完全相同，可见两国关系之密切。

4 地下乐宫传奇

千古八音

中华民族的音乐文化有着悠久的历史，不仅在浩瀚的古籍中有许多记载，而且考古发掘出土的音乐文物也提供了有力的实证。

磬是打击乐器，它可能源于远古时代石制生产工具，如石铲相互撞击发出清脆悦耳的声音。《尚书·益稷》写道："击石拊石，百兽率舞。"说的是远古时代人们拿着劳动生产工具——石器，相互撞击出清脆的声音，装扮成各种动物应节起舞。目前考古发掘所见，已有山西夏县东下冯遗址出土的石磬和山西襄汾陶寺遗址出土的石磬，两者形态基本相同。

关于各类乐器的发明和乐曲的创作，我国古籍记载颇多。《山海经·海内经》记载："帝俊生晏龙，晏龙是为琴瑟。帝俊有子八人，是始为歌舞。"先秦史料丛编《世本》也说："伏羲作瑟，神农作琴，伶伦造律吕，女娲作笙簧，随作竽，夷作鼓，无句作磬，夔作乐。"这里的帝俊、神农、伏羲和女娲都是传说时代（相当于石器时代）的历史人物，其所记由谁发明哪种乐器不一定都是事实，但它反映出我国原始时代先民们发明创制了许多乐器，创编了许多歌、乐、舞以自娱自乐，这应是可信的。

据考古发掘资料，我国4000多年前的龙山文化遗存就有石磬出土，如山西襄汾陶寺龙山文化遗址。在其一座早期大墓出土了石磬，

○ 石磬

山西夏县东下冯遗址出土

它用天然角页岩大石片打制成型并钻有悬孔，孔内有绳索摩擦的痕迹，显见它是一件可以悬击的实用乐器。

1973年，青海大通县上孙家寨新石器时代马家窑文化时期墓葬（公元前3300—前2900年）出土了舞蹈纹彩陶盆，盆内壁彩绘五人一组的舞蹈图像3组，15个舞者头饰鸟羽，下饰兽尾，围成一个大圆圈，手牵着手，朝着同一个方向整齐地踏舞，与流传至今的“连臂踏歌”民间舞蹈有异曲同工之妙。这些都是中华民族乐舞文化源远流长的形象见证。

除前已提到的原始打击乐器石磬外，击奏的乐器还有许多，如山西襄汾陶寺出土的龙山文化时代的陶缶鼓，山东大汶口文化遗址出土的土鼓，湖北天门出土的石家河文化时代的陶铃、陶响球；远在七八千年前的浙江余姚河姆渡文化遗址和湖北麻城栗山岗新石器时代龙山文化遗址也出土有吹奏乐器陶埙；而河南舞阳贾湖裴李岗文化遗存出土的距今8000年的骨笛，其设计之巧，制作之精，至今

○ 舞蹈纹彩陶盆
青海大通县马家窑文化时期遗址出土

仍能吹奏出五声、六声、七声音阶的旋律乐曲，令世人惊叹，足见当时中华民族音乐文化水平处于世界前列。

《尚书·舜典》还记载，舜帝在宫中设有专门的乐官，在青少年尚未成人时即教以礼乐，让他们学习诗歌乐舞。并且说，诗是表达内心思想志趣的，歌是表达思想感情的，宫、商、角、徵、羽五声是根据歌唱定出来的，六律是和谐五声的，各种乐器的声音能够和谐，不搞乱相互的伦理次序，神和人都会因此而和睦了。做人则要正直而温和、宽大而谨慎，刚毅而不粗暴，简约而不傲慢。足见中华民族自古以来就十分重视乐教，以礼乐育人，并有一套乐教规范。

中国古代对于乐器、乐律有一套规范化的表述语言。如乐器的分类归纳为“八音”。所谓“八音”，《周礼·春官》解释为是用

“金、石、土、革、丝、木、匏、竹”8种不同材质制造的乐器。从考古发掘出土的实物来看，传说时代尚无金类，八音不全，但进入夏商周三代，中国青铜文化高度发展，乐器的发明和制作更加丰富多彩。周代见于文献记载的乐器有近70种之多，其中见于《诗经》一书的就有29种，打击乐、吹奏乐、弹弦乐一应俱全，从考古发掘出土的实物亦皆得到印证。此后，“八音”一词不仅指乐器的分类，同时也被用来泛指民族音乐，这亦表明中华民族音乐文化历史之悠久，源流之绵长。

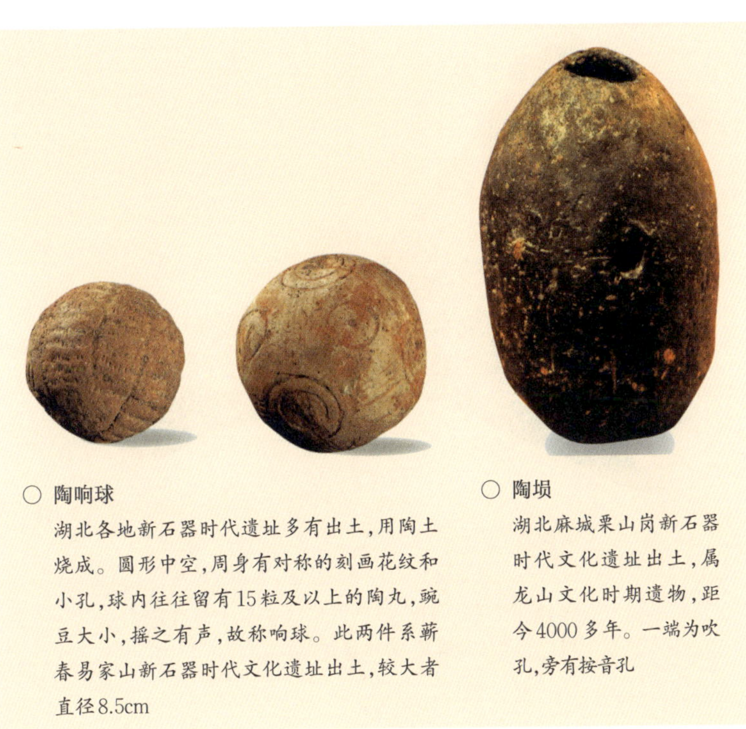

○ **陶响球**

湖北各地新石器时代遗址多有出土，用陶土烧成。圆形中空，周身有对称的刻画花纹和小孔，球内往往留有15粒及以上的陶丸，豌豆大小，摇之有声，故称响球。此两件系蕲春易家山新石器时代文化遗址出土，较大者直径8.5cm

○ **陶埙**

湖北麻城栗山岗新石器时代文化遗址出土，属龙山文化时期遗物，距今4000多年。一端为吹孔，旁有按音孔

○ 骨笛

河南舞阳贾湖裴李岗文化遗址282号墓出土，系用猛禽的腿骨管截去两端关节再钻圆孔而成，在孔间、孔的上方均可见钻孔前刻画取位的记号，可以证明当时制笛已经过精确的计算，应是我国古代竖吹管乐器的先祖

○ 彩陶鼓

甘肃兰州永乐县乐山坪遗址出土，属马家窑文化，距今5000多年。在两端蒙以兽皮，口沿处陶钉可使鼓皮固定，为原始打击乐器

曾侯乙墓出土的乐器如果按古代的八音分类的话，金有编钟，石有编磬，革有建鼓、悬鼓和手鼓，丝有琴、瑟，木有鹿鼓，匏有葫芦笙，竹有排箫和篪，唯缺土制乐器而已。

综观这些乐器，有如下四个显著特点：

一是品类多，而且数量也多。能发音的主体即有125件，若将与之相关的构件（如钟架、磬架、鼓座）、附属物（如瑟柱、琴轸）、演奏工具（钟棒、钟槌、鼓槌）加在一起，总数达1853件，史无前例。

二是设计制作精。全部乐器（包括构件与附属物在内）设计之巧，制作之精，无与伦比。不仅声音美，形体更美，件件都是极好的工艺美术品。比如葫芦笙，此墓共出土笙6件，笙斗皆用匏范制成，即在幼匏开始成长时，在其上端套上外范，使之长成筒状以作吹管。下部未加约束，使之长成较圆的自然形态用作斗腹，待匏成熟时笙斗即成，打开上端作吹口，掏去内瓤，并在腹部凿孔，用以插入笙苗。它由笙斗、笙管、簧片组成，从笙斗残留插管的孔来看，有12管、14管、18管之分。篪2支，系各取一节苦竹管做成，一端为自然竹节封底，一端以物填塞，管身开有吹孔、出音孔各1个，指孔5个，吹孔、出音孔与指孔不在同一个平面上，互成90度角，与今之竹笛不同，但其整体形态仍与今之竹笛无异，仅吹法有别而已。

三是保存好。绝大多数乐器不仅历经2400多年未朽，且其在墓坑的位置仍保持着当年下葬时的原状，在我国考古史上前所未见。尤其是作为乐器，不仅金石之声至今仍能使人领略到它们的原始乐

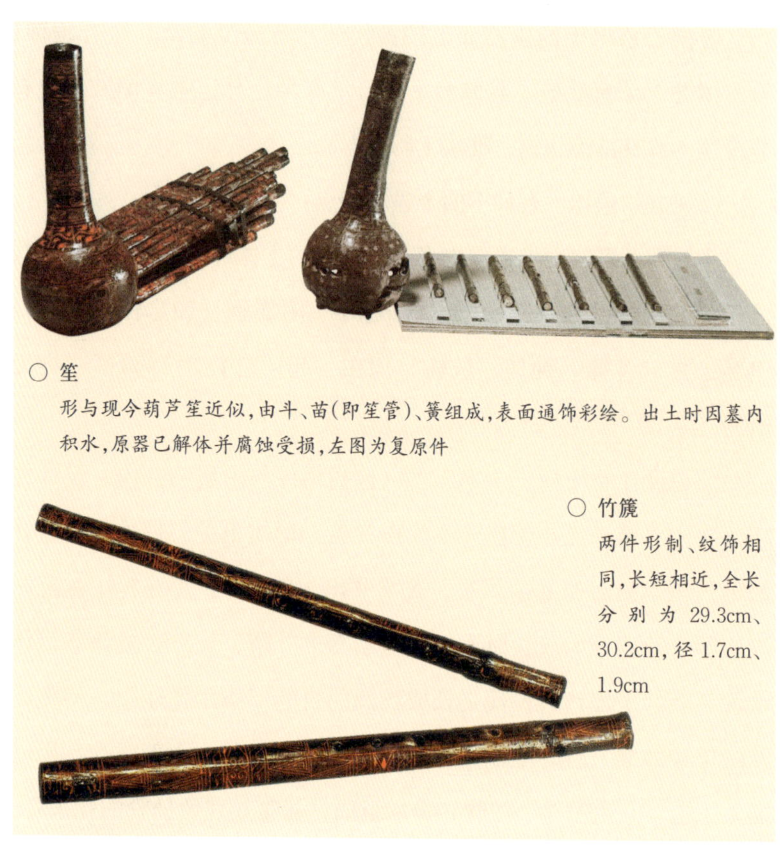

○ 笙

形与现今葫芦笙近似，由斗、苗（即笙管）、簧组成，表面通饰彩绘。出土时因墓内积水，原器已解体并腐蚀受损，左图为复原件

○ 竹篪

两件形制、纹饰相同，长短相近，全长分别为 29.3cm、30.2cm，径 1.7cm、1.9cm

音，即使是管箫之乐，刚出土的一件竹排箫也吹出了五声、六声音阶的旋律乐曲。它们犹如历经千年而声音犹在的录音机，把远古的乐音留给今人。难怪世界著名小提琴家梅纽因听了钟磬演奏后说：“真奇妙！西方希腊罗马的古乐器也不少，但难闻其声，留下千古乐音者唯有你们的这些古乐器，难得！难得！”

四是科研价值极高。不仅乐器本身形与声世所罕见罕闻，钟磬及其他乐器构件上还留下了4581字的文字资料，被国际音乐学界誉为世界上最早的乐律学著作，其科研价值之高不言而喻。

从这些乐器在椁室埋葬的位置来看，可分为两类：钟、磬、鼓、瑟、笙、箫、篪共115件，与青铜礼器为伍，葬于中室，当属宫廷金石雅乐；鹿角立鹤悬鼓、木鹿鼓、十弦琴、瑟（5件）、笙（2件），共10件，葬于东室，与墓主同在寝宫，当属宫内的“房中乐”，亦即今人所称的小型室内轻音乐用器。

将上述两项乐器与乐舞伎作综合考察，明显可知，中室113件乐器和13名乐舞歌伎恰好组成一支宫廷乐队，王室每有重大政事活动，即奏大乐，金石共振，八音和鸣，一派恢宏气势。而君王政事之余回到寝宫，东室的8位后妃侍妾或乐伎，奏起那些鼓、瑟、琴、笙，鼓声点点，丝竹悠扬，她们或与君王一同弹唱，或为君王轻歌曼舞以娱其心，是一支小型的寝宫歌舞乐队。

两组乐器，两支乐队，竞奏华章，使2000多年后的今人从中领略到我国古代音乐文化的神奇曼妙。

○ 瑟

瑟首、瑟尾均有浮雕花纹，身侧绘凤鸟图案并有瑟柱一起出土

○ 十弦琴

木质髹漆，素面无彩，琴身用整木雕成，下部雕空，嵌以活动底板，形成共鸣箱，首端岳山旁有十个弦眼，故知其当为十弦琴。通长67cm，宽19cm，高11.4cm

○ 十弦琴腔内图

洋洋大观曾侯钟

编钟是用青铜铸造的古代礼乐重器，在我国古代礼乐制度中，是其所有者身份等级、权位与财富的象征。编钟位居众乐之首，其设计、制作和使用无不凝集着当时科技的精粹。

编钟具有悠久的历史，早在《山海经》中就有“炎帝之孙伯陵……始为钟，为乐风”的说法。

考古发掘也提供了佐证。在黄河中游的河南陕县庙底沟遗址发现了距今约5900年的陶钟，陕西长安县客省庄龙山文化遗址（公元

○ 陶钟

河南陕县庙底沟新石器时代文化遗址出土。此钟为细泥红陶手工制成，上有扁圆柱形甬，两侧各有一小孔，通向腹内，可能为悬系之用。此种陶钟当是后世青铜甬钟的先祖

○ 陶铃

湖北天门石家河三房湾新石器时代遗址出土。泥质橙红，烧制较硬，内悬铃舌，摇之有声。器身截面呈椭圆形，上小下大，顶面上有两穿孔，可作穿绳吊挂之用。器身两面有刻画花纹，近似饕餮

前2800—前2000年）和湖北天门石家河遗址（公元前2400年前后）也各出土了一件陶铃。专家们认为，它们应是古代铜钟的先祖。

最早的纯铜（即红铜）铃见于山西襄汾陶寺遗址（公元前2085年左右），而最早的青铜铃见于河南偃师二里头遗址。虽然这些铃、钟都很简陋，但它们是原始状态的青铜钟。到了商代，中国青铜器发展进入了第一个高峰期，制作出了大量精美的青铜礼器、乐器和青铜钟，而且出现了三五个成编的钟。

到了商周时，不仅有实物，在铜器铭文中也得到了佐证。如钟铭中有“大林钟”“大林和钟”“宝林钟”“林钟”之称，将数件钟的编悬之形概括为“林”，意思是若树木成林之状。可以说“林钟”是编钟早期的名称。

“编钟”一词最早见于《周礼》一书：“磬师，掌教击磬，击编钟。”考古发掘的周代编钟多为8件成编，到了春秋战国时代，编钟开始有9件、12件，甚至26件、36件、40余件者，是编钟发展的鼎盛时期，这与当时采矿冶金业的发展和经济的繁荣密不可分。西汉

以后，随着人们欣赏观念的转变，丝、竹、匏、革乐器被广泛使用，金石之乐才渐为世人冷落。

曾侯乙是春秋战国之际受到南方大国楚国保护的曾国君王，他所铸编钟恰好处于编钟发展史上的鼎盛阶段，其时正是我国历史上一个社会大变革的伟大时代，也是我国青铜文化发展史上第二个高峰期。因此，曾侯乙墓为后人留下这样一套规模空前的古乐器，在我国已出土数以千计的编钟中无与伦比。即使在世界上，也还没有哪一套古乐器能与之相提并论。

古编钟重见天日以后，在国际上也博得了许多美誉，有称之为“旷世奇观”者，有誉之为“世界奇观中独一无二的珍宝”者，有赞之为“世界上最伟大的青铜铸件”者，有誉之为“古乐之王”者。美国纽约大学物理学教授E.G.麦克伦说：“如果曾侯钟为其同代希腊

○ 铜编铙

河南安阳殷墟妇好墓出土，距今3000多年。5件成编，形制相同，大小依次递减。最大一件口壁内有铭文“亚弜”

○ 全套曾侯乙编钟

人希罗多德所知，我们可能早已听说到它们被视为古代世界第八大奇迹。”

那么，这套曾侯乙编钟奇在哪里，珍在何处，为何能在世界上引起如此强烈的反响？让我慢慢道来。

曾侯乙编钟之所以珍奇，首先表现在其整体艺术造型上。65件钟分三层八组悬挂在一座铜木结构的钟架上，整体呈曲尺形。悬钟横梁共7根，木质髹漆绘彩，两端都有浮雕或透雕的铜套装饰。中、下层4根横梁，两两曲尺相交，由6个佩剑青铜武士和2根铜立柱承

○ 钟架横梁装饰

托支撑，上层3根横梁由6根上下两端有铜箍的木柱承托支撑。

整副钟架共有配件51件，其中铜质38件，下层青铜武士重量都超过了300公斤，最重者达359公斤。其设计精巧，结构稳定，制作精良，充分体现出科学与艺术、视觉美与听觉美的巧妙结合。

古之钟架有专门的设计制作者，称“梓人”。《周礼·考工记》还对其设计制作原理有明确的论述，认为在对钟架立柱和横梁进行设计的时候，其造型与装饰纹样应仿效自然界的动物。然而天下动物之大者有五类，取何种呢？应取“恒有力而不能走，其声大而宏”者，这就是属嬴。嬴者，泛指自然界灵长类动物（自然也包括人类）。曾侯乙钟架用的是青铜武士，为此说作了注脚。钟架立柱是用来悬钟的，但它所悬的是用来奏乐的乐器，这就有一个科学性和艺术性有机结合的问题。《考工记》的论述与曾侯乙钟架的实例，使我们看到了这两者的完美结合：青铜武士的昂扬气势，首先在视觉上给人以震撼；击其所悬之钟，铿锵的乐音又似武士发出的鸣唱，给人以威武雄壮的联想，似是武士们正在高唱凯歌胜利归来。

关于钟架横梁，《考工记》称是“小首而长，抟身而鸿”的有鳞者为之。曾侯乙钟横梁上的主要装饰皆以龙、蛇、虫为题材，亦为此作了形象的注解。尤其是中下层4根横梁，两端都有浮雕或透雕的龙纹、凤鸟纹铜套为饰，刚从水中露出时，考古队员说它简直像一条蛟龙，给人以“蛟龙出水，雄姿壮美”之感。

那么，其设计构思与制作技艺是怎么达到这一步的呢？《庄子·达生》中记载的一个寓言故事对此有生动的描述。有位名叫庆的梓人削木为鐻（这里应是泛指钟架），见到的人惊叹其为鬼斧神工。鲁侯问是用什么技术做成的，庆回答说："我要做的时候不敢耗损精神，必定斋戒来安静心灵。斋戒三天，不敢怀有庆赏爵禄的心念；斋戒五天，不敢怀有毁誉巧拙的心意；斋戒七天，不再想念我有四肢形体。到这时，技巧专一而外扰消失，然后进入山林，观察树木的质性；看到形态相合的，一个成形的钟巍然呈现在眼前，然后加以施工。这样以我的自然来合树木的自然，乐器所以被疑为神工，就是这样的吧！"这个故事生动地反映了古人对钟架制作的重视，以及梓人在制作时心神专一达到忘我境界的情形。

曾侯乙钟的钟架实例与《考工记》的精辟论述，充分说明我们的祖先既在实践上拿出了典型的杰作，又在理论上做了规律性总结，令后人引以为傲。

全套曾侯乙编钟按其形体特征，可分为钮钟、甬钟、镈钟三类。上端有钮者称钮钟，有长柄（甬）者称甬钟，上部有钮、下端口沿成水平的称镈钟。

钮钟共19件，分3组悬挂于上层3根横梁上。甬钟共45件，分5组分别悬于中下层横梁上。另有镈钟1件，原本不在此套编钟之列，是曾侯乙死后下葬时临时加入的，因此将其挂在下层长架横梁最显著位置。此处木梁上的钟被移到了下层短架上，导致其他钟依次左移，将所悬的"大羽钟"挤出钟架没有下葬。这件大羽钟原来应是这套编钟中形体最大、音律最低的一件，至今去向不明，留下了千古未解之谜。据过去出土的资料并参照复制的编钟多次试奏，可以

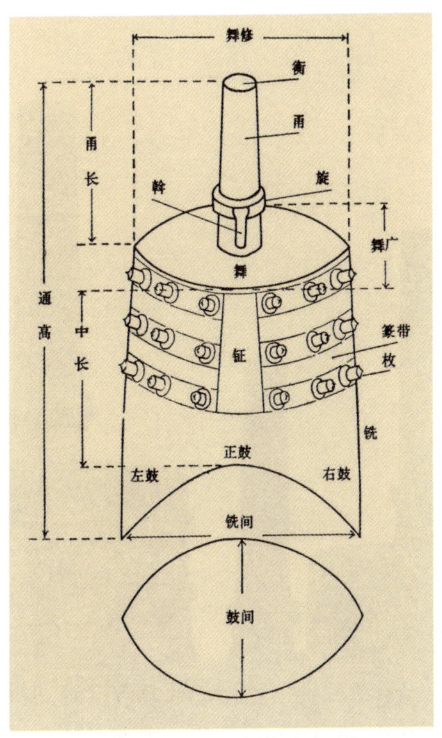

○ 钟各部位名称示意图

确知原来演奏这套编钟的乐师当有五人，两人各执一根撞钟棒撞下层大钟，三人各执两个钟槌击中层和上层钟。

从声学、音乐学的角度来考察，这些钟的最奇妙之处在于每个钟能敲击出两个不同频率的乐音，因而被音乐学家称为“双音钟”，即一钟双音。在钟体下部（古称“鼓”）口沿正中部位敲出的音称正鼓音，在钟体左右两侧敲出的称侧鼓音，正鼓与侧鼓可以单独击发，也可以同时击发，且互不干扰。这是物理学上的奇怪现象。

○ 甬钟和钮钟

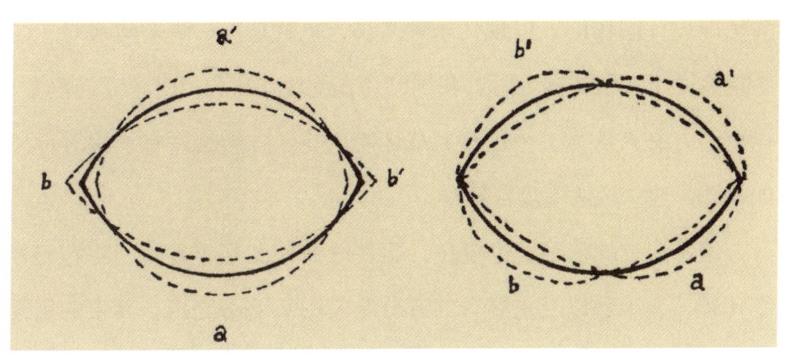

○ 双音钟振动模式示意图

这种现象是怎么产生的呢？后来通过科学检测，终于找到了答案。因钟体呈合瓦形，击其两个不同部位会产生不同的振动频率：敲击钟的正鼓部位，钟腔形成的振模有四条纵向节线正好位于侧鼓部位，这时听到的主要是正鼓音，侧鼓音受到了抑制；反之，节线在正鼓部位，就只能听到侧鼓音了。这是已经失传的先秦钟乐的重要规律。音乐考古学家冯光生对“一钟双音”现象做了研究，并从技术发展的角度将其发展分为“原生双音”“铸生双音”“铸调双音”三个阶段，而这三个阶段分别属于自然存在、有意获取、精确调制的发展过程。他认为曾侯乙编钟的双音技术属第三个阶段的巅峰时期，几乎达到技术的极限。从编钟的钟腔我们看到：相对侧鼓部有一条“音脊”，因为调音的缘故，这些音脊受到不同程度的磨砺，甚至出现了“音槽”。此时的工匠不但掌握了这一最为敏感的调音部位，而且以加厚和减薄并用的办法调节钟的双音。

全套钟音域宽广。经仪器检测并对照铭文，这套钟是以姑洗律为标准设计制作的，以现代乐理来讲，也就是按C调来调制的。这一现象说明春秋战国之际，我国已存在绝对音高和相对音高的概念。以前西方有人认为，中国直到战国晚期受西方影响才有了相对音高的概念，这一说法不攻自破了。

编钟调音的精确度也很高，33件甬钟有22组重复音，将它们分别比较，有半数以上重复音的音分差仅在15音分之内，其余的重复音的音分差则多在20音分之内，其音分差在现代音乐家的音准宽容度之内。而且大、小三度双音的有机结合，构成了充实、适用的音列。

○ 中层甬钟钟腔

其腔体厚薄不同及调音痕迹明显可见

由于钟体大小及钟壁厚薄不一，悬挂部位各有区别，全套钟音色表现出丰富多彩的局面：上层钮钟音质清亮，声音悠扬；中层甬钟音质圆润，旋律优美；下层大钟深沉浑厚，气势磅礴。全套钟同台合奏，多种音质音色组合在一起，优雅和谐，给人以美的享受；又因钟架呈曲尺形三层，演奏时其声音来自三维空间，高低错落有致，音韵跌宕，别具美感。

曾侯乙编钟之所以备受世人关注，是因为它集千古技艺之大成，反映出当时我国在青铜冶铸、音乐声学、乐器创制等许多领域的成果。

作为乐器，制造时与礼器、用器有很大不同，在求其形美的同时，更求其声美。因此，从其合金成分的配比到形体大小尺寸均有严格要求，从构思设计到浇铸成器，必须环环相扣。《考工记》中有“金有六齐，六分其金而锡居一，谓之钟鼎之齐”的记载，说明中国古代对合金比例与乐钟音乐性能之间的关系有明确的认识。检测表明，曾侯乙编钟的合金成分中，锡的平均含量占13.75%，而铅的含量平均为1.85%。经过模拟实验和多方检测表明：钟的含锡量低于12.48%时，钟声尖锐；含锡量在13%—24.5%时，音色浑厚饱满；但含锡量大于16%时，钟体容易击破，不利于演奏。当含铅量在1.4%—2.8%之间时，对声音的传达有阻碍作用，能加快钟声衰减，利于演奏，尤其利于合奏。综合考察，乐钟在含锡量14%并含少量铅时为最好。曾侯乙编钟就是按这个标准配方的，故其演奏时声音清纯，浑厚饱满。

值得一提的是，无论编钟还是编磬，它们的创制及其音律的确定、几何形制、各部分的大小和厚薄都是经过精密设计的，绝非随意而为之。

在铸造工艺上，曾侯乙编钟改变了过去单一的范铸法，而集浑铸、分铸、锡焊、铜焊、铸接、铸镶和失蜡法等于一体，堪称复合范铸技术的代表作。

1978年8月1日，在编钟出土后不久，我们就在当地驻军礼堂将编钟搬上舞台，举行了一场史无前例的编钟音乐会，以《东方红》乐曲开场，以《友谊地久天长》结尾，中间穿插了《楚商》《草原上升起不落的太阳》《浏阳河》等一组古今中外乐曲，在场千余观众无不深感惊奇。一曲《东方红》刚奏完，台下一片欢呼："千年古乐发出时代新声了！千古绝响复鸣了！"

刻在铜钟上的乐书

曾侯乙编钟铭文共3755字，分别见于钟体、钟架和挂钟构件。这么多字的铭文，内容除少数为记事之外，绝大多数均与音乐有关，堪称一部刻在铜钟上的古代乐书，被誉为中外音乐史上的空前发现。

字数最多的是钟体铭文。65件钟上均有铭文，少则3字，多则90字，共2828字。铭文铸于钟体两面的钲间、正鼓或左右侧鼓上，内容主要为记事、标音和阐述乐律关系。

记事铭文。主要是"曾侯乙作持"5字，表明这些钟为曾侯乙所作并为其所据有和享用；另钟上铸31字铭文，记载楚惠王在其在位的第五十六年为曾侯乙作宗彝之事。

标音铭文。在中层甬钟正面、下层甬钟背面及钮钟上，标有所铭处乐音的名称，如：宫、羽角、商、徵曾、宫角、羽曾、商角、徵、宫曾、羽、商曾、徵角等，这里已构成了十二个半音的系列了。

乐律关系铭文。在9件钮钟上，直行铸乐律名称，如“割肄（姑洗）之宫”“黄钟之宫”“穆音之宫”“太族之宫”“无铎之宫”“妥宾之宫”等。中层甬钟的背面和下层甬钟的正面铸有可以连读的铭文，论及乐律间的关系，如律名对应关系、阶名对应关系和八度音对应关系等。

字数第二多的是挂钟构件铭文。镌刻在各类铜构件上，共470字，是这些构件与相应配套钟配套关系的标记。

字数最少的是钟架木梁刻文。钟架中、下层木横梁上镌刻铭文187字，是悬钟位置的标记，便于挂钟时能对号入座。有的刻文中的阶名比钟体铭文多出一个前缀词，如“大宫”“大羽”等，是表示低一个八度。

刻在曾侯乙编钟上的这些铭文，堪称目前所见世界上最早的乐理书，将其与测音所获音响资料对照研究，中外音乐史上许多长期以来争论难解的问题涣然冰释。

例如，我国的十二律及其计算方法是何时产生的？它们是舶来品还是我们民族自己创造的？

关于十二律，我国古籍中本来有不少记载，其中《国语·周语》

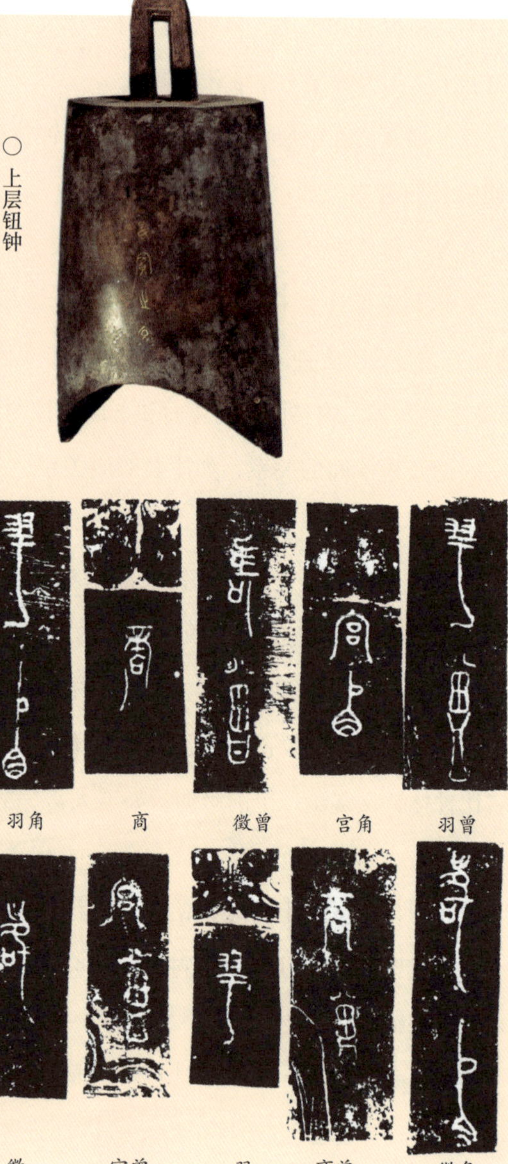

○上层钮钟
正面鼓部有『妥宾之宫』错金铭文

○编钟钟体上铭文

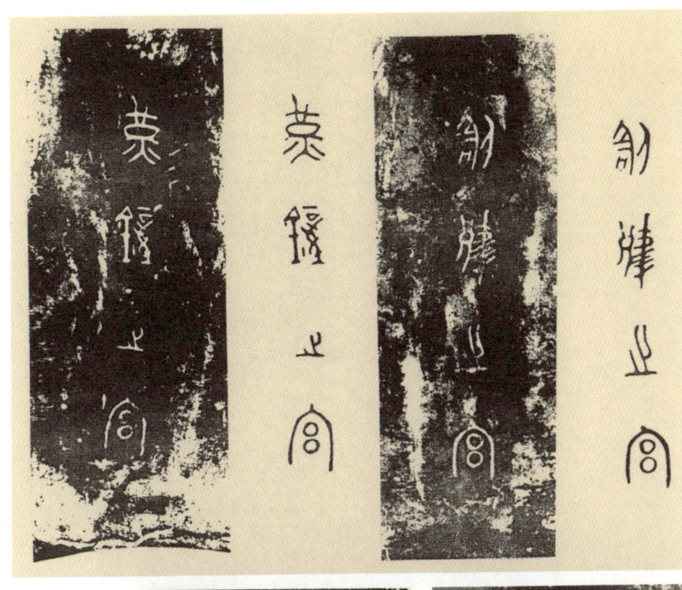

○ 钮钟上的乐律铭文

『割肄(姑洗)之宫』(右)、『黄钟之宫』(左)，每条左为拓片，右为摹本

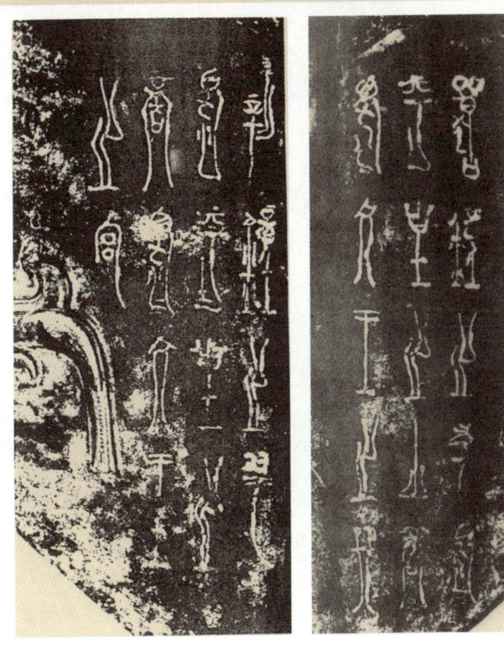

○ 中层一组7号甬钟侧鼓部铭文

左图为右鼓铭文：『新钟之羽，浊坪皇之商，浊文王之宫。』右图为左鼓部铭文：『兽钟之徵，浊坪皇之少商，浊文王之巽。』这里浊坪皇的『商』与『少商』，浊文王的『宫』与『巽』，均为相隔八度组的阶名

○ 下层二组7号甬钟侧鼓部乐律铭文

"割之羽角为文王羽，为坪皇徵角，为兽钟之羽下角。"记载的是各律间阶名对应关系

的记载是最早最完整的。这些律名一直为后世所沿用，成为今天仅知的一套传统律名。而曾侯乙钟铭文中出现的十二律及其异名达28个之多，其中大多数早已失传而不为今人所知。由此可见，最晚到春秋前后，我国的十二律体系已经产生。那种认为中国十二律是战国末年由希腊传来而汉化的观点是站不住脚的。

又如，我国何时使用七声音阶？由于过去所知先秦史料中只有宫（do）、商（re）、角（mi）、徵（so）、羽（la）五声，未见“二变”（变宫——si、变徵——升fa）。有人认为七声音阶是汉以后随着佛教的传入从国外传来的。曾侯乙钟铭文及编钟演奏的实践对此作了否定的回答。编钟不仅可以奏出五声、六声、七声音阶的乐曲，铭文中也有“变徵”“变宫”二词，只不过用得不广泛。据此，可以得出确凿的结论：我国在战国之前就已广泛使用七声音阶，它是我们民族自己创造的。

总之，近4000字的编钟铭文，以其时代之早，内容之丰富多彩，历史价值之重要，可以毫不夸张地说，确实堪称一部不朽的音乐典籍。

古乐新生

除了曾侯乙编钟，墓中出土的其他乐器也异彩纷呈，令世人为之倾倒。

比如编磬。因编磬在出土时，大多数石磬块已破碎无法悬挂，令人无法了解其原有风采。幸存的较完整的几件也因长期积水浸泡影响了发音，故其原件无法和曾侯乙编钟一样让人听到它的优美乐音，令人深感遗憾。

然而，完善精致的青铜磬架和依旧如故的悬挂方式，磬块上的铭文、磬匣上的编号和置磬槽的尺寸，加之它与编钟的密切关系，为我们提供了难得的资料，为复制编磬创造了良好的基础。

湖北省博物馆以考古学家冯光生为首的科研人员对此展开多学科综合研究，经过一年多努力，终于使千古绝响复鸣。

复原工作是从磬料的研究和采集开始的，它的成功进一步揭示了千古乐宫的秘密。

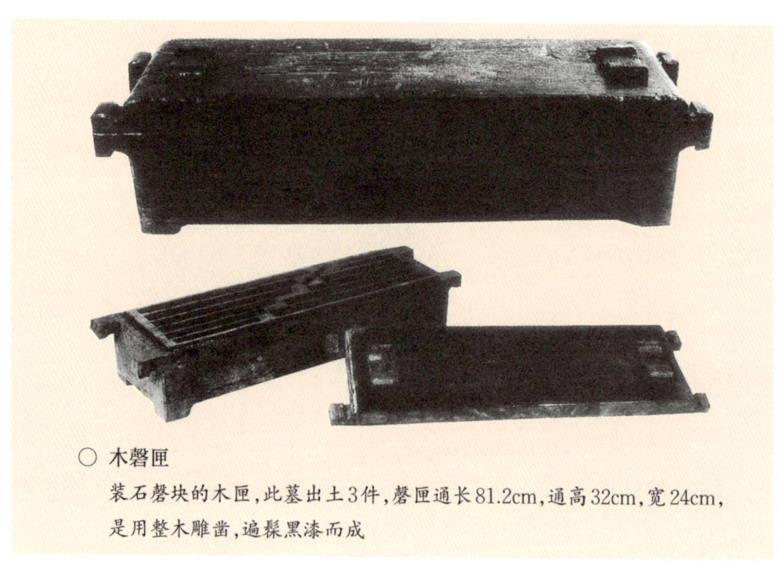

○ 木磬匣

装石磬块的木匣，此墓出土3件，磬匣通长81.2cm，通高32cm，宽24cm，是用整木雕凿，遍髹黑漆而成

石磬以石制成，但石有多种，这些磬是以什么样的石头制成的呢?《山海经》一书中曾提到过“磬石”和“鸣石”的产地，如“小华之山……其阴多磬石”，“高山……经水出焉……其中多磬石”，“鸟危之山……其阳多磬石”，又如“长石之山……共水出焉……其中多鸣石”。但并没有对磬料的石质做出科学的分析。

曾侯乙编磬出土后，湖北省地质局的专家取样进行了岩相分析，断定这套磬的石料绝大多数是深灰色、灰黑色、浅褐灰色的石灰岩。磬料确定后，人们依此开始复原磬料的采集，本着就近取材原则，人们把选料范围缩小到随县附近。《晋书·五行志》的一条记载引起了人们注意：“永康元年，襄阳郡上言，得鸣石，撞之，声闻七八里。”于是，他们来到距随县西北200余里的襄樊市郊，在这里的采石场听到有些石块彼此相撞，声音确实像金属碰击声，就请老石匠凭经验选石采料，打制出磬坯，结果令人满意，磬料就此确定。

接着做了音高的推定。这套编磬共32件，分上下两层悬挂，每层两组依大小次第排列。因出土前磬块多数已受损，其上的文字也有残缺，所有磬块的乐音俱不复存，大小厚薄尺寸也不全知道，这就给复原带来了很大困难。幸好还有可资借鉴的资料，如出土的三个磬匣内，盛磬之槽犹存，有大有小；槽内尚有编号，从1至41，将残存的石磬放进相应编号的槽内，大小正合适。磬匣盖上分别刻有“间音十石又四才（在）此”、“新钟与少羽曾之反十石又四才此”、“姑洗十石又三才此”。将这些资料加以梳理，找出其规律，就基本可以看出全套磬的概貌了。同时，曾侯乙钟上有关编钟铭文的

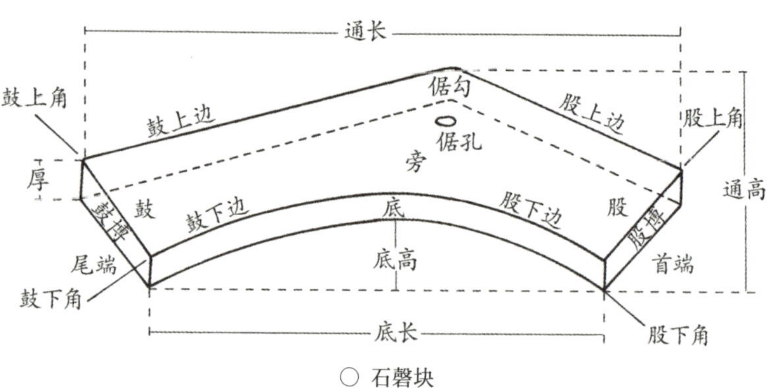

○ 石磬块

释读及全套编钟所提供的清纯的音响，为了解编磬乐音体系提供了参照。不同的是，曾侯乙钟的标音体系是以姑洗均为纲，而编磬是以浊姑洗均为纲，这样就找出了这套磬的标音规律。

磬的乐音由磬的大小厚薄决定，磬大体薄，声音就低；磬小体厚，声音则高。从刻有编号的磬块与磬匣里相应编号的磬槽来看，其编号顺序是始于大者，止于小者，也就是说，在排列规律上，这套磬是从低音到高音依序编号的。

摸清了以上两条规律，人们根据编号和音列的关系，推知这套磬是按半音关系构成音列的，这是曾侯乙编磬最基本的规律。由此也掌握了全套磬的设计音高，随后将其与编钟的音高做了对照研究和模拟实验，磨制出一二件样品来检测其音响，验证了可行性后，开始全面复制。最后，还要进行磨制与调音。

曾侯乙编磬的复原就是在上述深入研究的基础上获得成功的。经检测分析和多次试奏，磬块音色均清纯明亮，似今之木琴却更富有余韵，似响亮的钟声却更加透明。令人惊叹的是，它的最高音竟与目前钢琴的最上一键同音！全套复制编磬可与编钟复制件相配，钟磬齐奏，金石之音相和成趣。

除编钟编磬竞显辉煌外，还使一批久已失传的民族乐器重放光辉，如十弦琴、均钟、排箫、竹篪、笙簧、建鼓等。

琴的起源传说很早，文献中有“神农作琴”的记载。此前考古所见最早的琴是出自长沙马王堆三号墓的西汉七弦琴，而曾侯乙墓所出十弦琴，较之多出三根弦，是另一形制的琴。这涉及演奏手法、

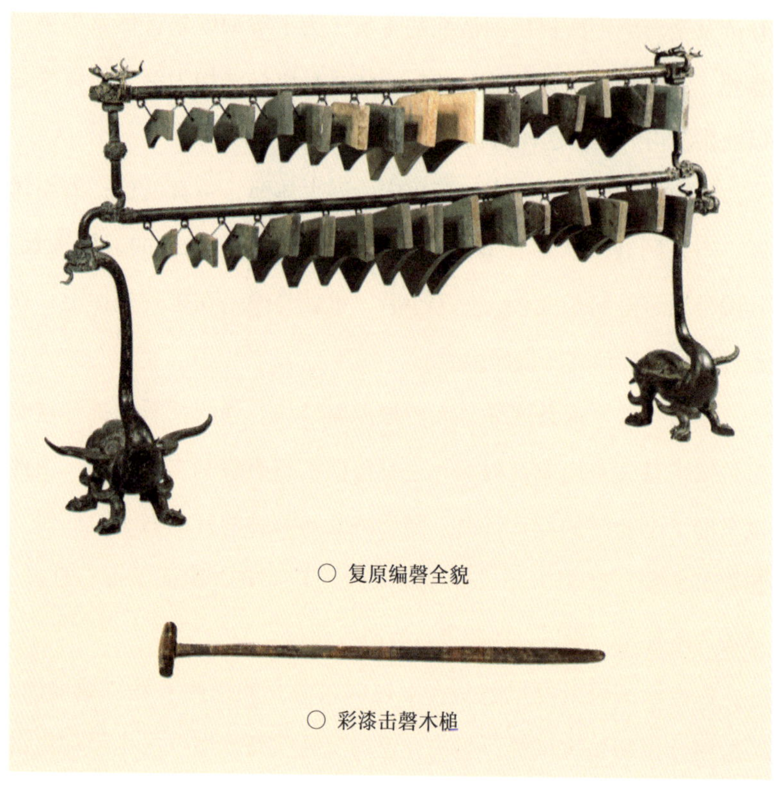

○ 复原编磬全貌

○ 彩漆击磬木槌

音乐风格、音阶韵律、音响性能等一系列问题，很值得进一步深入研究。此墓还出土了一件世界上最早的定律器——均钟。

均钟在史籍中也早有记载，但长期以来无人知其形，见其器。这种器物在此墓发掘之初，也以“五弦琴”或“五弦器”名之，直到1988年，我国著名音乐史学家黄翔鹏先生率先提出此物为“古文献《国语》中提到的，至迟于公元前6世纪已在周王宫廷中使用，并在秦汉时失传了的‘均钟’——一种为编钟调律的音高标准器。也是中国古代的一种声学仪器”。他的观点得到了学术界的认可，人们才发现它是世界上最早的定律器，其在中国乐律史上的重要性不言而喻。但也有人认为这是击弦乐器，应为“筑”。

均钟通身以黑漆为地，朱绘图案花纹。其主纹的内容均与音乐有关。如器身后半段的底面在以三角棱纹框出的长方框内，绘两幅神人乘双龙图案，据冯光生考证，当为《山海经·大荒西经》中“夏后启上天得乐图”的写意。

又如器身首段的背面、侧面和尾段的正面，共有5组凤鸟纹，引颈振翅的凤鸟在致密的方格纹衬地上两两相对展翅飞翔。其中，面板上的凤鸟为2组，均12只；有一边侧板上的一组亦为12只；另一

○ 均钟
长115cm
首宽7cm
高4cm
尾宽5.5cm
高1.4cm

○ 均钟上的凤鸟纹饰

○ 竹排箫

通长22.5cm

宽11.7cm

厚1cm

侧板为11只；底板上的一组分为2行，合计亦12只。黄翔鹏、冯光生均认为这一组组图案当与《吕氏春秋》所述黄帝令伶伦为律，伶伦“听凤凰之鸣，以别十二律”的神话故事有关。

得乐与生律的神话写意图案集于该器，是考证此器为定律器的“佐证”。但是如何用此器定律，是怎样定律的，学术界尚在研究，并无定论。

又如排箫，屈原的《九歌·湘君》中有“吹参差兮谁思”之句，“参差”何所指？形怎样？音如何？汉代石刻、魏晋造像甚至隋唐壁画中尚能见其形，但难闻其声，往后便形迹难觅了。此墓出土的两件排箫，正是由参差不齐的13根竹管并列缠缚而成，不仅能见其形，还能用它吹出五声、六声音阶的旋律。听到这种用2000多年前的实物吹奏出的乐音，音乐界人士连称：“真是奇迹！”

5 乐宫艺术撷英

古老乐舞

在前一章中，提到了以曾侯乙编钟、编磬为代表的100多件乐器及器上的乐律铭辞，反映出当时音乐文化的最高成就。事实上，古代之所谓“乐”，往往是指音乐、舞蹈、诗歌相结合的艺术形式，有乐必有舞，有舞必有乐，“乐”常常是就“乐舞”而言，是指音乐、舞蹈、诗歌的巧妙结合。所以《墨子·公孟》就有“诵诗三百，弦（指弹琴鼓瑟）诗三百，歌诗三百，舞诗三百”之说。

汉代王逸在为屈原的《楚辞》作注时说：“昔楚国南郢之邑，沅湘之间，其俗信鬼而好祠，其祠必作歌乐鼓舞以乐诸神……因作九歌之曲。”说明在楚国故地，歌、乐、舞有机结合的艺术形式由来已久。那么，曾侯乙墓出土文物中反映的乐舞艺术是怎样的呢？

在木雕鸳鸯形漆盒腹部有两幅乐舞图，画面生动，足以说明当年宫廷钟磬伴奏、击鼓跳舞的情景。画面中钟磬悬于一对兽形柱的钟磬架上，旁绘一乐师握棒撞钟，生动地反映出当年宫廷钟磬乐舞的场面。这一图像为我们研究当年编钟，尤其是下层大钟演奏用具及方法做了明确的提示。而内棺上的漆画，则是举行丧葬仪式时人们头戴面具，执戈扬盾，跳驱除鬼魅的“群傩舞”的场景。然而，此墓中是否也有诗歌与乐舞相结合的证据呢？有！编号为E·61，刻有“紫锦之衣”铭记的漆木衣箱，就是典型例证。

○ 木雕鸳鸯形漆盒左侧上的钟磬乐舞图

○ 内棺漆画傩舞图

○ E•61衣箱

这只衣箱箱盖上以墨漆为地，用朱漆绘云气上下交汇的纹样，绘出我国古代神话故事中的若木、扶桑、金乌（日）、玉兔（月）、伏羲女娲（双头相互缠绕的蛇）的图像，并在这扶桑树下旸谷之间绘有一人正挽弓弋射，特别是在箱的左端一角用朱漆书20字颂歌。著名学者饶宗颐教授将这20字释为："民祀惟房，日辰于维。兴岁之驷，所尚若陈，经天常和。"考释其大意是：人民之所以祭祀房星，是因为房星（天驷）为农祥之星，星与日辰（纪日的标准星）的位置皆在同一方位北方，众宿（二十八宿）和岁星（岁星是太阳系九大行星之最大者。古人以此星纪年，故称岁星）没有抵触，各得其所，故云"经天常和"。

这漆书20字颂歌，无论从内容、结构到韵律，与我国上古时代

○ E·61衣箱上的弋射图

○ E·61衣箱上的漆书20字颂歌

的尧、舜、禹禅让天下时与其臣下唱和的三首颂歌——《卿云歌》《八佰歌》《帝载歌》极为相似。因此，它被视为曾侯乙宫廷近臣们歌颂其君王政治修明、和气致祥的颂歌。从与之相配的漆画来看，也可看作是宫中舞歌的记载。

墓中出土的大量舞器，也证明了当时乐舞艺术的水平。

“舞器”一词，最早见于《周礼·春官·宗伯》，书中写道，司干掌管宫中舞用器具。举行祭祀典礼时，舞蹈者摆好位置，司干将舞器授予他们，舞罢，将其收回来，宴飨宾客时也是这样；举行丧葬大典，先将舞器陈列好，到了下葬时，护送到墓圹将其藏入棺椁中。舞器就是舞者在跳舞时所执之器，即今之舞蹈道具，也有称为舞具的。此墓出土不少舞器，大体可分两类：一是专门为舞者所做之器，如竹扇、竹杖、走戈、木柲金钩、小木弓、小皮盾等。另一类则是一器多用的，如兵器中的短戈、短矛、漆盾等，既是兵器，跳武舞时也可用作舞器。同样，乐器中的排箫、竹篪、手鼓、钟槌、钟棒等，既是乐器，同时也是舞器，边作乐边舞。它们的用法，在春秋战国时代一些铜器刻纹中屡见不鲜，这些都是曾国乐舞艺术繁荣发展的佐证。

巧夺天工的艺术品

曾侯乙墓出土的文物，虽材质、用途各有不同，但从其设计之

○ 铜尊圈足上的双身龙

巧、造型之奇、纹饰之美、色彩之艳、制作之精来看，都是极好的工艺美术品，呈现争奇斗妍之态。

在造型上，大多新颖、奇特、精巧。虽然众多礼乐器沿袭了商周以来的传统，但却不因循守旧，还有重大创新。如编钟钟架，形体高大，气势磅礴，且结构新颖，安装精巧。那武士铜人形象逼真、神态威武，钟架横梁铜木构件实用而又美观。又如青铜鉴缶、尊盘、联禁对壶等，也都是前所未见的创新之作。尤其是各类器物的附件，如铜器的支座、足、钮、提链，漆木器的腿、耳、盖等，多取形于动物的整体或局部造型，千姿百态。有些甚至是以飞禽走兽的瞬间动态组合成不可名状的怪物，构成世上所无、人间仅见的奇特形象。这些新奇的造型，予人以独有的美感和威严肃穆的气势。还有不少器物设计灵巧，达到了实用与美观的完美结合。如鸳鸯形漆盒，形似鸳鸯，头可转动，身有盖可开启，内里空可盛物，整体造型宛若活物。

在装饰上，花纹丰富，风格多样，色彩绚丽。无论铜器、金玉器、漆木器、皮甲胄抑或漆棺，其纹饰品类繁多，题材极为丰富，如人物、动物、神兽、龙凤、日月星辰、自然景观及几何图形等，题材或源于现实生活，或来自神话传说和幻想，又做到了现实与浪漫的完美结合。

○ 铜尊颈部镂孔雕刻的反首龙

○ 铜匕局部

在色彩运用上，从整体看以朱、黑及古铜色为主调，施彩讲求设色鲜明，灵活多变。如在质地庄重的青铜器的关键部位错以黄金、嵌以绿松石或填以各色矿物填料，收画龙点睛之效；玉器还用“俏色”技法，将玉料纹理与不同色彩安排在雕琢的形象之中，使制品增彩添辉。漆木器的配色更是绚丽多彩，以朱、黑为主，对比鲜明，又在重要部位增施异彩，以增其艳丽之效。

在工艺技巧上，集先秦塑、雕、镂、刻、琢、镶、铸、嵌、填、错、印、髹漆、绘彩等工艺技巧之大成，因质施技，巧妙运用。

正因如此，曾侯乙墓这批工艺美术品的发现，改变了人们对古代艺术成就的认识。著名学者李学勤评价说：“从春秋中期开始，以青铜器、玉器为中心的艺术出现了风格的突变，趋向于清新高雅和雕琢繁缛。在战国前期，新的风格及于高潮，而擂鼓墩一号墓的文物正代表其巅峰。其工艺之精巧，造诣之卓绝，都是过去未能想象的。”

下面根据不同质地和器类择要介绍。

在青铜礼器中，青铜尊盘堪称翘楚，它由尊和盘组合而成。

○ 青铜尊

○ 青铜盘

尊，由尊体和各种装饰附件构成，口作喇叭形，长颈，腹部圆鼓，高圈足，在其口沿、颈、腹和圈足上，均饰有各种精美繁缛的纹饰。盘由盘体和各种附件及装饰花纹组成。

在这件尊盘上，共饰有100多条龙、数百条螭，形态各异，光怪陆离。饰于口沿的镂空蟠螭与蟠虺，犹如空中浮云；反首吐舌的龙，攀附向上，犹如奔腾的豹；双身龙，龙首悬空，卷竖双角，犹如出山的虎；其向上者亦如出水之蛟，向下者胜似潜游之蟒……各种龙饰满周身，令人百看不厌，简直就是一个龙的世界。

圆雕、透雕、浮雕、线刻多种技法的巧妙结合运用，是曾侯乙

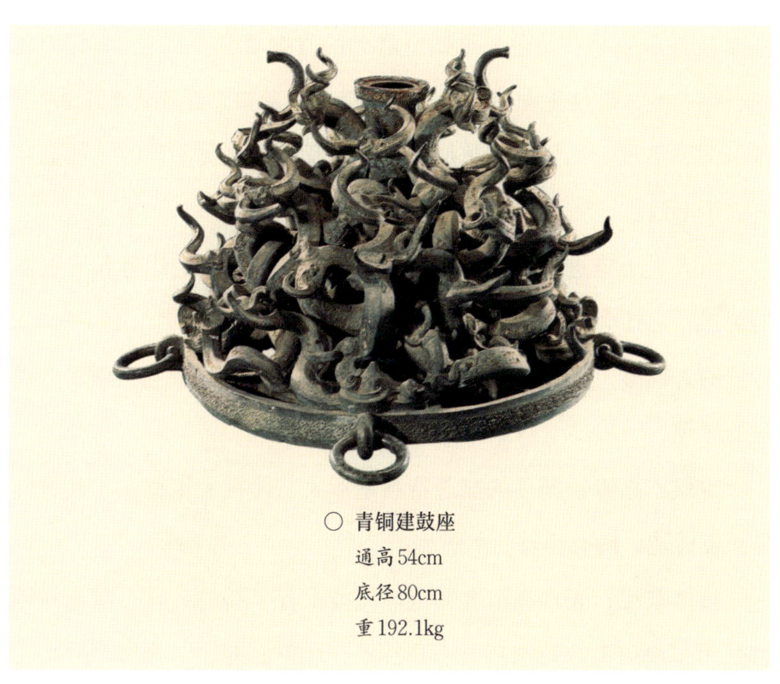

○ 青铜建鼓座
通高54cm
底径80cm
重192.1kg

○ 盖鼎上的牛形钮

墓雕塑艺术的又一特色。如镂空雕刻的青铜尊盘上的龙、虎、豹、虺、螭、蛇，件件生动传神，青铜建鼓座上圆雕加浮雕的数十条龙，条条活灵活现。而用线刻来加强雕塑的意境更是美不胜收，如盖鼎上的牛形钮。

当人类历史进入青铜时代后，铜矿的开采、铜的冶炼与青铜器的铸造，是社会发展的重要标志。曾侯乙墓所葬6239件、10498.6公斤重的青铜器，是公元前5世纪我国青铜时代社会发展与科学水平卓越的体现。

曾侯乙墓青铜制品的显著特点是形大、体重、工精，尤其是群体重器铸造，确有高超的水平。

具体来说，表现在组合陶范浑铸技术有了新的突破。陶范浑铸就是用多块陶范合铸铜器的一种技术。从单面型、两合型，后来发展到数块、数十块拼成的多合型。此墓各类青铜礼器的主体部分大都采用这种技术，如铜簋是用多块范合模铸成。

在传统分铸技术上也有新突破，这种技术就是先分别铸出局部，然后与主体铸接。以往的分铸件大多形体较小，而曾侯乙墓则出土了许多大件分铸的青铜礼器，如2件大尊缶各高逾1米，腹径1米，重300公斤左右，为同时期青铜器之最。这种技术最大的难点是如何将分铸的两部分衔接住。为此，必须掌握好浇铸时的温度，如果两块铸件温度不同，铜液易产生呛火和冒气，接铸就不牢固。出土的这些分铸器不仅接合部分十分牢固，而且还很严密，器内盛满水并无渗漏现象，可谓天衣无缝。这说明，其设计和工艺流程十分严密，各个工序也丝毫无差。

在焊接技术上有新突破。焊接有铜焊与镴焊两种。铜焊附件在春秋中期铜器上已经见到，然而此墓见到的铜焊远比春秋时期使用得广泛，技术更成熟，如鉴缶、联禁大壶的龙耳用的都是铜焊。而镴焊因为熔点低，操作简便，因而广泛用于受力较小，不需很高连接强度的部位，如升鼎的龙形耳及一些铜器上的装饰附件。

此外，还大量使用了榫卯和组装连接技术，这在前期铜器中也是少见的。组装焊接是先组装再加焊，如建鼓座座体盘附的16条龙，接块（片）分割成22节，然后组装，再加焊接，并和座体上的14个接头焊接成一体，焊接相当复杂。

新发明了红铜花纹铸镶法。在青铜器上镶嵌红铜纹饰始于商代，中途衰落，春秋中期起又复兴，并盛极一时。但史籍中不见记载，

○ 兽形足

位于青铜鉴缶底,造型生动,雄健有力

○ 青铜鉴缶(冰鉴)及漏斗

○ 炭炉
其炉身红铜纹样系用铸镶法制成

一般认为这类纹饰是用红铜锤成薄片或长条，然后压入预铸的纹槽中错磨而成。曾侯乙墓大量青铜器红铜纹饰呈铸态组织，既非锻打而成，也不是镶嵌所致，而是浇铸而成。根据其工艺特点，我国铸造界将这种方法称为铸镶法，是一种新的创造发明。

失蜡法技术进一步完善并广泛运用。失蜡法是铸造金属器物的一种方法，实际上是熔模铸造中的一种。它的出现是冶铸史上的一次重大突破。过去认为中国的失蜡法来自外国，是从西方或印度传入的。

而曾侯乙墓出土的青铜尊盘口沿上的附饰经铸造专家鉴定，认为是失蜡法制作的。同年在河南淅川下寺还发现以失蜡法铸造的铜禁，这就将失蜡法在我国使用的时间提早到春秋中期前后。曾侯乙

○ 青铜尊口沿

蟠螭纹饰系用失蜡法制成

墓青铜器中的失蜡法铸件十分完美，堪称鬼斧神工。其铸造方法，简言之，就是先用蜡料将设计好的铸品做成蜡模，由于蜡的可塑性好，可以在蜡模上做出繁复的纹样或使器物具有复杂的形式。在蜡模表面涂以砂、石、耐火泥等的粉末，形成比较坚固的外壳，然后加热熔去蜡模，形成铸件的模范，再浇注铜液，待冷却后除去模壳，铸件即成。

除青铜尊盘的透空雕饰为失蜡铸件外，在曾侯乙墓的其他铜器中，如群龙纠结环绕、器内20余节铜梗支撑连接的建鼓座，编钟架中层横梁两端透空花瓣与凤鸟群栖的铜套等，不少学者认为亦当以失蜡法铸成。这表明当时该技术已经发展到了相当完善的地步，并

○ 铜盘口沿下颈部装饰的圆雕一首双身龙

○ 铜盘口沿及颈部的透雕中空扁体龙

广泛运用于青铜礼器的铸制。

在此墓出土的大量青铜器中，还有一些重器综合运用多种铸造、连接、组装新工艺，使全器达到和谐完美。如联禁对壶，是在一个长方形铜禁上置一对大铜壶组装而成，铜禁采用合铸加焊接的技法；两壶的壶身则分别采用分范铸接的办法分三次铸接成一体；壶颈部龙形耳是单独铸成后焊接上的，龙头上装饰的圆雕两小龙，龙尾上附饰的小龙为分铸焊接而成。在一件器上集多种工艺并达到完美和谐的程度，实属难得。

曾侯乙墓出土金器、玉器、料器等共600余件，30余个品类，是迄今我国先秦古墓发掘出土金器最多的一例。

曾侯乙墓中金器的制作也极为精湛，其制作和加工已采用了模铸、锻锤、拉拔、镶嵌、粘贴等多种工艺，达到了相当成熟的水平。

黄金具有极好的延展性，此墓出土的金箔就是利用这一特性经锤锻而成的，最薄的只有0.037毫米，压印的花纹极为繁缛精细。金弹簧和金缕玉璜上的金丝也是利用这一特点拉拔而成，其直径仅0.2毫米。镶嵌技术更是令人惊叹，2000多字的错金铭文，历经2000多年，且长期浸泡水中，很少有笔画脱落，个个金光闪闪。而鹿角立鹤和磬架上的错金花纹，其纹理比发丝还细。器皿的铸造和铜器一样，采用了泥模铸造，制模、浇铸都十分精细，尤其讲究造型之美，反映出我国先秦时代贵金属冶铸工艺的水平。

黄金的开采和冶炼在我国始于何时，源于何地，一直是学术界探讨的问题。

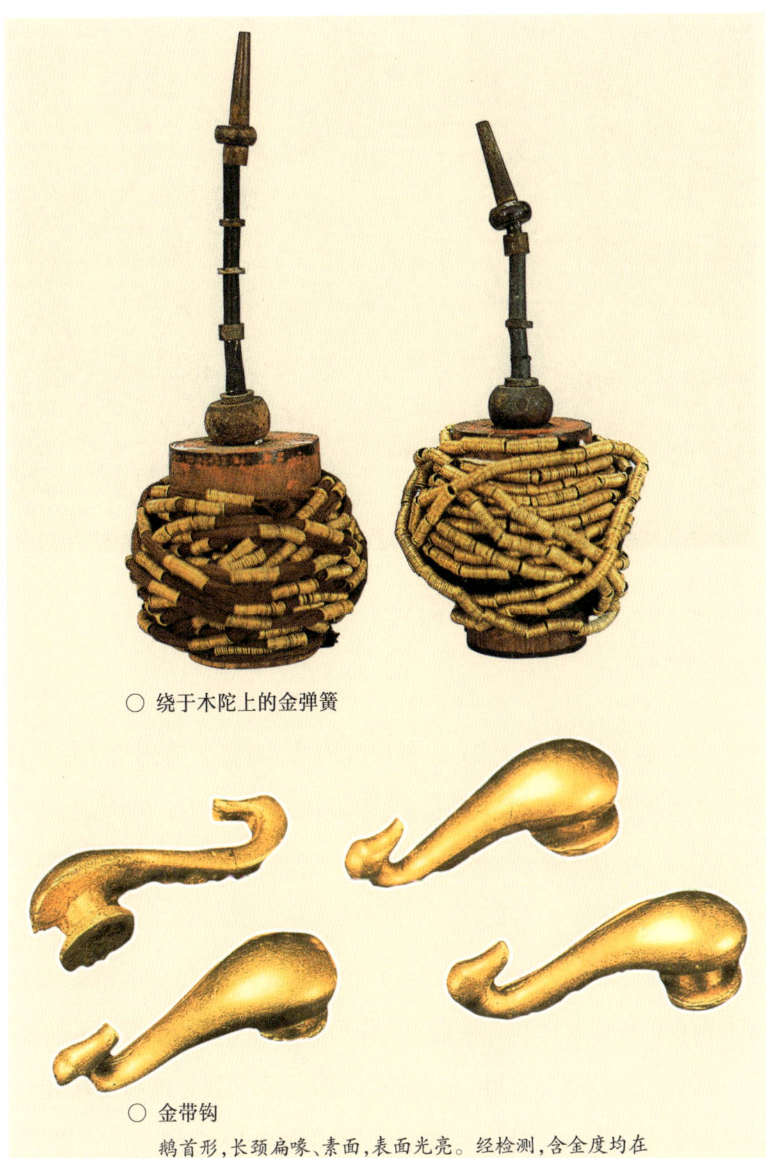

○ 绕于木陀上的金弹簧

○ 金带钩

鹅首形,长颈扁喙、素面,表面光亮。经检测,含金度均在90%以上,另外还含9%左右的银,重量为40.9g—49.6g

○ 金箔

此墓许多兵器、车马器表面装饰有各种式样不同、花纹各异的金箔，这里的金箔是从这些物品上脱落下来的一部分

由于金（Au）在自然界大都以游离状态存在，有的呈粒状，常被洪水冲刷出来，露于地表或流于河中，因此人们在地表和河床中有时能发现金块和金粒。马克思曾说："金实际上是人类发现的第一种金属。"

公元前3000年，埃及人已知采集金银制成饰物。在我国，史籍记载商以前可能就已知有黄金并用作珍贵的贡品，如《尚书·禹贡》有"厥贡惟金三品"之句。在考古发掘中，商代黄金饰物屡有出土。因此有学者认为，我国至迟在商代已能用黄金制作装饰品了。不过，由于发现的材料不多，且只是饰物而非器皿，一般认为是用采集的自然金熔解加工而来。随着安徽、江苏、河南、湖北等地春秋战国时代楚国金币的相继出土，学术界普遍认为我国黄金铸币源于楚国，始于春秋晚期，并进而认定当时楚国境内盛产黄金。

但当时的楚人能否冶炼黄金呢？论者意见不一。有的学者认为，楚国的这些黄金主要是从地表获得的自然金，楚人只知用淘洗法从砂金矿中提取。但也有人认为，将黄金作为铸币，首先需要一定的量，光靠从地表获得自然金是不够的，很有可能人们已开采出一些浅层的金矿。曾侯乙墓大量黄金制品的出土，为这种看法提供了一个有力的佐证。曾国的地域在楚疆之内，曾楚关系十分密切，到曾侯乙时，曾国已是楚国的附庸。一个墓葬出土的黄金制品数量如此之多，分量如此之重，说明曾国的黄金拥有量已达到一定的程度，只靠偶然获得的自然金是不太可能的。何况在众多的制品中，除装饰品外，还有黄金铸就的多种形态的实用器皿呢！这些器皿不将黄金熔化和模铸是不可能成器的，因此，我们有理由说我国至迟在春秋战国时代就已经掌握了黄金开采和冶炼的技术。

曾侯乙墓的漆器是我国首批有年代可考的战国早期漆器，有些还可能早到春秋晚期，它以数量多、种类全、工艺精、纹饰美、色彩艳而著称于世。

就其种类而言，除乐器、兵器、车马器中有大量髹漆制品外，大批生活用器、装饰品、葬具等都是髹漆制品，器类多达20余种，数量近200件，为我国先秦考古发掘所罕见。

漆器制作工艺精湛。胎骨绝大多数为木胎，也有少数为竹胎和

○ 木雕彩漆盖豆
全器通高24.3cm

皮胎。木胎漆器的制作以斫制为主，挖制次之，少数为雕制，也有融三种制法于一器的，如木雕盖豆。每件均由盘、耳、柄和座合成，其各部分均用一整木精雕细琢而成，周身髹漆绘彩，非常艳丽。

有些形体较大的器物（如案、禁、主棺内棺、陪葬棺等）采用了分别制作构件，然后榫接或铆合成型的做法。如墓主内棺由巨型厚木板接榫而成，并用铅锡抓钉加固。棺内壁遍髹朱漆，外壁通体髹漆绘彩，甚为讲究，是迄今所见先秦时代彩绘棺木之体形最大、彩绘最精者。

有些小器物则是分别制作构件，然后胶合、组装而成，如鸳鸯漆盒盒身。

动物纹是漆器的主要装饰纹样，以龙、凤纹最多最突出，还有鸟兽虫鱼、龟蛇虎鹿等。龙是中国古代最尊贵的纹样，此墓漆器中

○ 墓主内棺
通长2.5m
高1.32m

龙纹甚多，仅内棺上就绘有各种龙、蛇753条，且形态各异。凤为吉祥之鸟，当时南方的楚人尊凤，以凤为图腾，因此在楚国的漆器中凤纹常见。曾侯乙墓龙凤并重，它表明曾国的文化是一种融南北文化于一体的混融性文化，亦可称“龙凤文化”，这是此墓漆器在文化属性上表现出的一大特点。

最早的中国式“油画”

此墓出土了世界上最早的一批中国式“油画”，这在我国绘画史上具有重要意义。

这批漆画的题材与品种大致可分三类：

一类为装饰性图案画，大多以动物或变形动物形象及几何图形构成画面，用于器物的装饰，尤以主棺内棺上的图案画最具代表性。除棺底外的五面均绘满图案花纹，作画总面积达13平方米。每一面都由多组单元图案构成，共计155组，称得上是一幅规模庞大的系列组画。除绘有人面神4个、神兽武士20个外，包括各种龙、蛇和鸟、

○ 墓主内棺上的漆画

鸟首形兽、鹿、凤、(有足)鱼、鼠状动物等8种，共计895只。画中各种动物形象多姿多彩，千奇百怪。比如说龙，除常见的一身一首有足有尾或者有鳞有角者外，还有双首龙、一首双身龙、人首双身龙、双首蛇龙、鸟首龙、共身鸟龙、三首龙、人首四身龙等，总数达413条，寓意十分深奥。有人认为其主旨在于护卫死者灵魂，象

○ 墓主内棺上的漆画

彩色凤凰，绘于内棺足挡门窗的两侧，十分显目，其寓意是引导墓主人灵魂由此出入

征吉祥如意。众多的龙一则供主人灵魂驱使，一则它们皆是神，主人也就是这群神中最尊贵的神了。

一类为取材于神话故事或某些生活场景的人物（神人）故事画。如漆木衣箱上的后羿弋射图；鸳鸯漆盒上的撞钟击磬图、击鼓跳舞图。前者系神话传说故事的描绘，后两者显然源于现实生活场景。

还有一类为书画结合的知识性图画，类似今之科普画，这就是早已为世人瞩目的漆木衣箱上的二十八宿星象图。此图不仅在科学技术史上有重要意义，其艺术成就也值得称道，堪称我国历史上第一件科普美术作品。

除了题材多样，漆画在艺术构思上也颇具匠心。其表现手法既写实又富于幻想，很有时代变革的特点。例如所画动物，其种类无不源于现实生活，但其千奇百怪的形象则是艺术的夸张，多出于幻想。如一幅马胄上的龙凤图，将两龙和凤、鹿融为一体，相互依存，你中有我，我中有你，且作飞舞和奔驰状，虚虚实实，相辅相成。

漆画的整体设计布局也非常巧妙，如二十八宿天文图根据器物的整体来构思，衣箱的圆拱上还绘有发生在天体之中的故事，如后羿弋射、天马行空等。造型结构讲究对称：主棺内棺两侧互为对称，组画互为对称；一幅图多个动物，向背对称，形体对称。然又不为对称所拘泥，由简单的对称变幻出纷繁复杂的形象，足见当时艺术匠师想象力之丰富。

在描绘技法上也有独到之处。这些漆画均用毛笔以单线与平涂相结合的方法绘制，笔画工整，线条宛转自如，构图疏密合度，节

○ 马胄复原模型

○ 马胄上的彩绘龙凤图

奏感强。神话与人物故事画，笔力遒劲，尤重笔锋和神韵，所绘形象生动活泼。

漆画设色丰富，朱、黑、黄、金、青、灰均有，五彩缤纷，但又以朱、黑为主，色调鲜明，对比强烈，与粗犷的神韵、丰富的幻想相得益彰，更使作品显得生动。

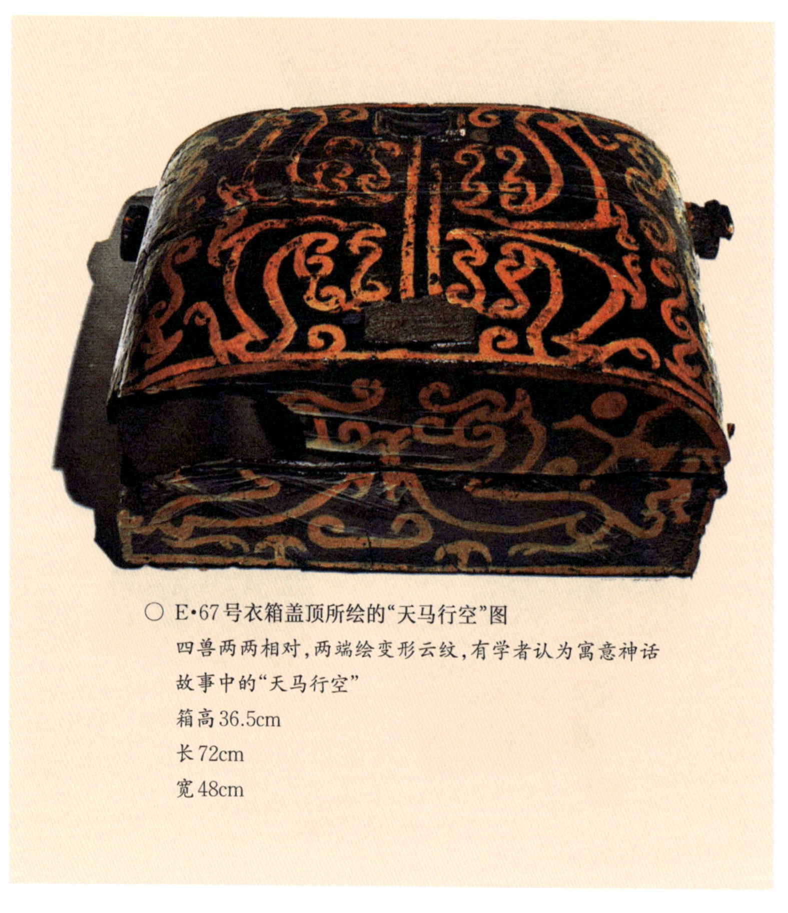

○ E·67号衣箱盖顶所绘的“天马行空”图

四兽两两相对，两端绘变形云纹，有学者认为寓意神话故事中的“天马行空”

箱高36.5cm

长72cm

宽48cm

精湛的书法艺术

书法艺术是线的艺术。中国书法，是以汉字结构为造型的依据，通过线的极为丰富的内部运动，以及由此而来的极为丰富的内在节奏，将丰富的徒手线（点、横、竖、撇、捺、提、钩、折等）集合在一起，经由视觉给人以美的享受。

曾侯乙墓各类文字资料总字数达12696字，包括青铜器上的金文，编磬上的石刻文，钟笥磬匣、衣箱上的木刻文，漆木器上的朱书文，竹简、石磬、木饼上的墨书文等。这些文字资料不仅具有极重要的历史学价值，而且别具特色，是我国先秦书法佳作。

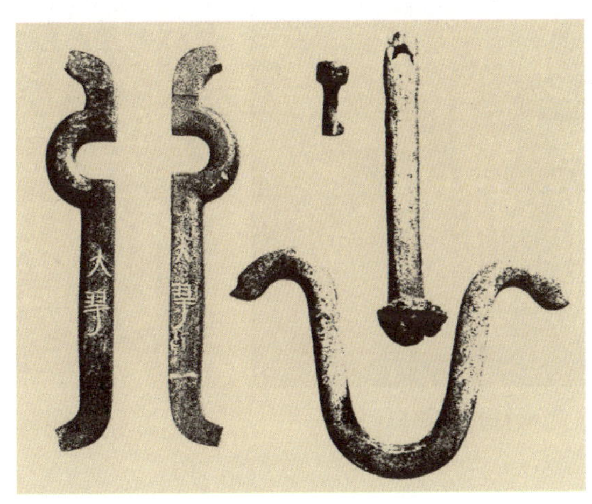

◯ 编钟甬钟铜挂钩上的刻文

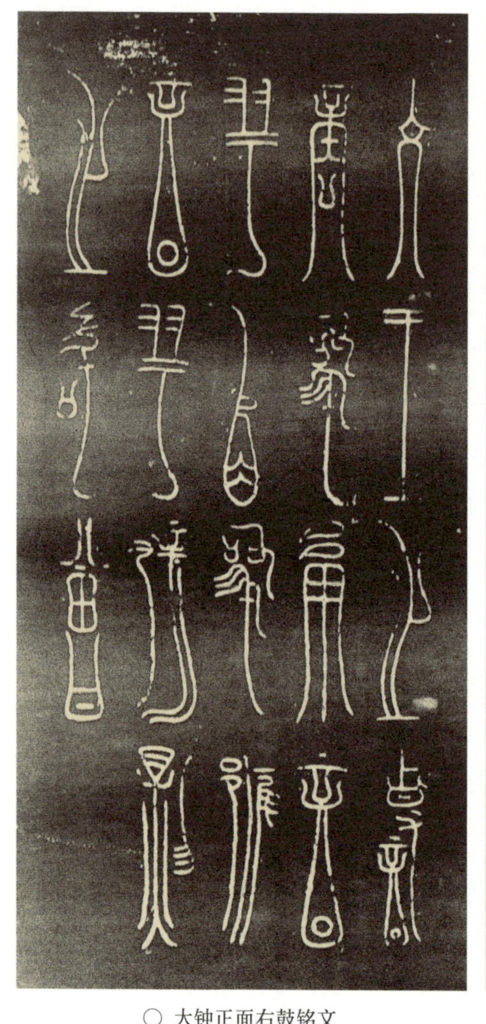

○ 大钟正面右鼓铭文

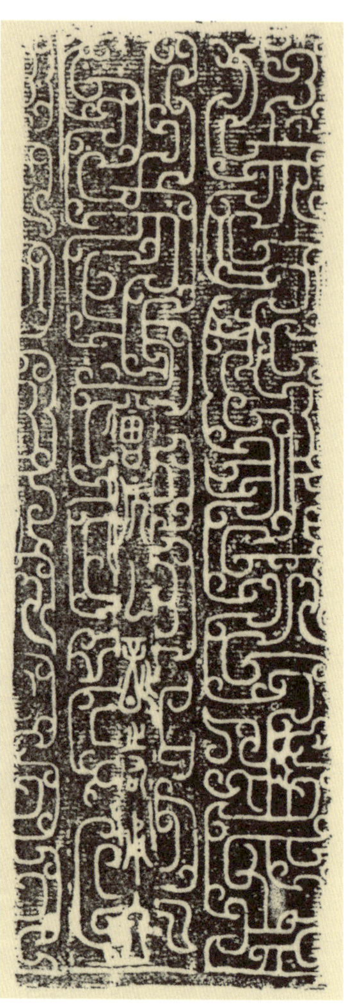

○ 铜钩形器铭文

在先秦古墓发掘中，一个墓葬里反映出如此丰富的书法形式，是前所未见的。

三戈戟上的错金“曾侯乙之用戟”铭文。字形在本体之外装饰兵器图形，“”（侯）字酷似手持三戈戟的武士，“”（用）、“”（戟）二字无不像手拿兵器的卫士，英姿勃发，其造型与内棺上彩绘的持戟武士与翼人何其相似。而“”（乙）字又像卷曲流动的云烟，冉冉升空。

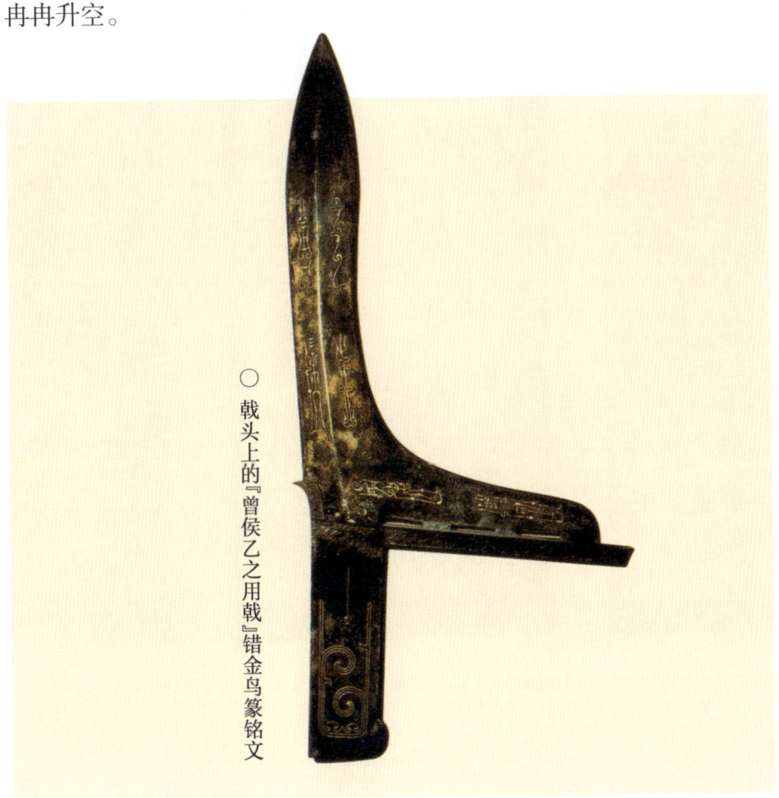

○戟头上的『曾侯乙之用戟』错金鸟篆铭文

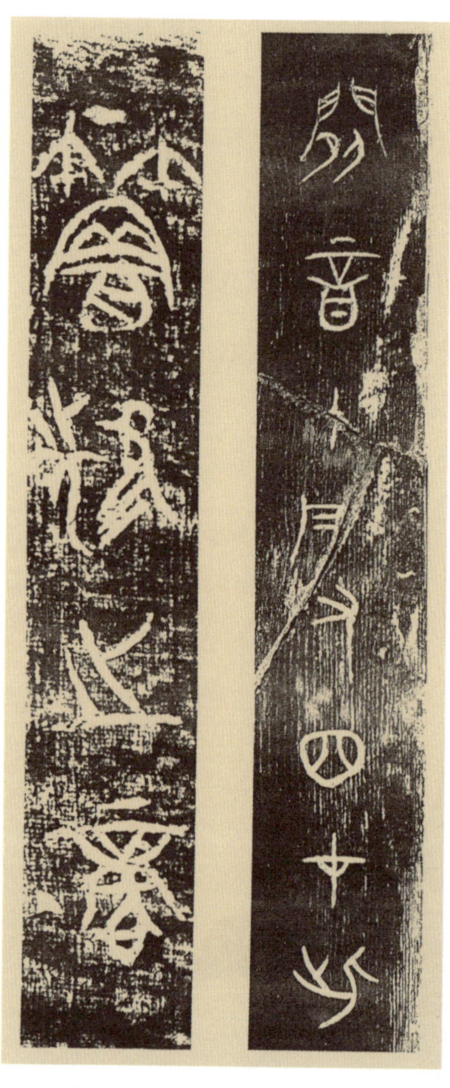

○ 编钟木横梁(左)与木磬匣(右)上的刻文

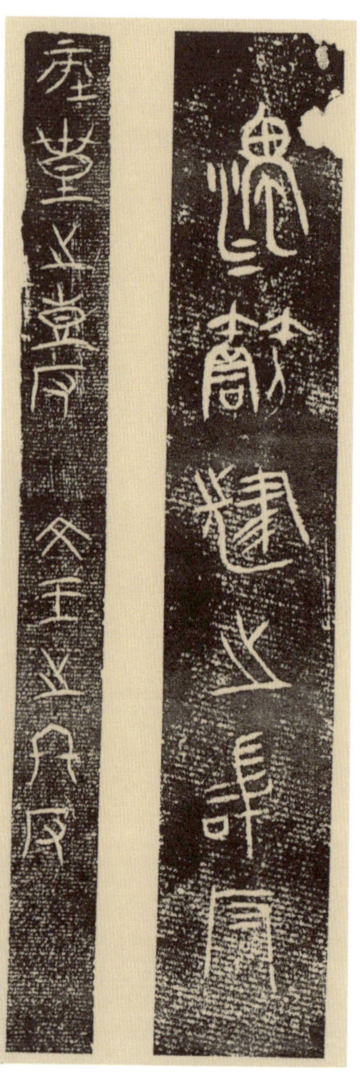

○ 石磬块上的刻文

简上墨书文字也有其独特的艺术风格。6000多字的简文，书写比较轻快，不刻意修琢，绝少板滞之气。用笔多为起笔重，收笔轻，呈“头大尾细”之姿，字形大小参差，字距疏密不等，结体多取势攲侧，不强求一味平正，俯仰多变，不拘一格。虽出自不同书家之手，然古拙质朴、淋漓痛快之风采却是共同的。从简书饱含力度的线条组合中看到了先秦书法之美，从突破篆书对称工稳程式的随意快速书写中，又不难找到由篆书过渡到隶书的演变轨迹。

朱书漆文不同于刻文之着力遒劲和简书之行笔流畅，但那随势生形、稳健凝重的效果却别具风格。由于漆的浓度大、黏性强，行笔不畅，书写速度迟滞，提按频繁，线条粗细变化相应增多，因而产生起伏变幻的艺术效果。木刻文与石刻文根据所刻对象质地不同，字体风格也各异。刻在金属上的字，常将弧线改用直线刻之，可谓铁画银钩。而刻在木质上的字，则运刀自如，曲线流畅，直线挺拔，线条粗细掺杂，蕴涵强烈的动感。刻在石上的字，朴拙苍劲，别具刀味石趣。

二十八宿天文图

在自然科学中，天文学是一门发展得最早的古老学科。因为无论是农耕民族还是游牧民族，都要依照四季循环来安排他们的生产和生活，决定他们的行动；即便是浮海为生的民族，要想在茫茫大海中辨明方向，也必须认识星宿和太阳的位置。古代的巴比伦、埃及、印度、希腊和中国莫不如此，都是天文学发达的国家。

早在公元前30世纪的后期，两河流域就已经有了历法。1853年在亚述出土的公元前1100年的泥砖（版）上的楔形文字，就有大量古巴比伦天文历法知识的记载。古埃及人在公元前27世纪左右对天文学就有重要发现，闻名世界的金字塔南北方向的测定，在当时没有罗盘的情况下，就是用天文方法测定的。其中最大的一座金字塔在北纬30°线南边2公里的地方，塔的北面正中有一入口，从那里走

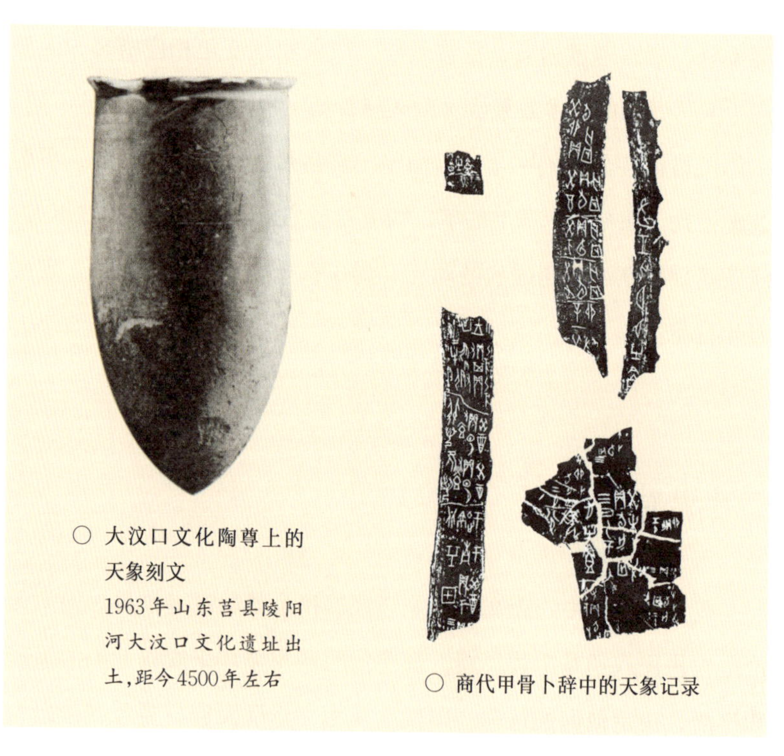

○ 大汶口文化陶尊上的天象刻文
1963年山东莒县陵阳河大汶口文化遗址出土，距今4500年左右

○ 商代甲骨卜辞中的天象记录

○ 彩陶片上的太阳纹图案
河南郑州大河村仰韶文化遗址出土，距今5000多年

进地下宫殿的通道和地平线恰成30°的倾角，正好对着当时的北极星，其南北方向非常准确。

中国是世界上天文学发展最早的国家之一，几千年来积累了大量宝贵的天文资料，受到各国天文学家的广泛关注。不仅天文历史文献资料丰富，出土的古代天文文物也十分丰富，如原始社会反映观象记录的彩陶太阳花纹、用于祭天授时刻有太阳初升图形文字的陶尊、殷代的干支纪日甲骨、后世的天文星图壁画及各种天文观测仪器等。

曾侯乙墓也出土了不少天文文物，如5件漆木衣箱，虽然形制相同，大小相近，但纹饰与铭文各异，内容都与天文星象或天地宇宙间的神话故事有关，是研究我国先秦科技史的珍贵资料。

现在让我们来考察E・66衣箱的形制与纹饰。此箱除一侧素面无纹外，箱顶及其他三侧均以黑漆为地，朱漆绘天文星象图案，是目前所见世界上最早有二十八宿全部名称的天文文物，弥足珍贵。

该衣箱箱体作矩形，拱起的箱盖，其造型正是西周初我国古老的“盖天说”宇宙结构思想的反映。这种学说最初主张天是圆形的，像一口扣着的大锅；地是方形的，像一张棋盘，即通常所说的“天圆地方”。这种“天圆地方”说后来又修改为天像圆形的斗笠，地像扣着的盘子，都是中间高四周低的拱形，圆拱形的天罩着拱形的地。5件漆木衣箱的造型就是这种学说的形象描述。圆拱形的箱盖象征天穹，矩形的箱身象征大地，盖顶及箱身两端两侧所绘图像则是古人对宇宙天地观察所获知识的形象记录。

箱盖顶中央篆书一大“斗”字，代表北斗天极。早已有学者指出，我国古代天文学领域，尤其是观象授时的漫长岁月，对北斗与北极星的观测一直放在极其重要的位置。他们认为在恒星的视运动

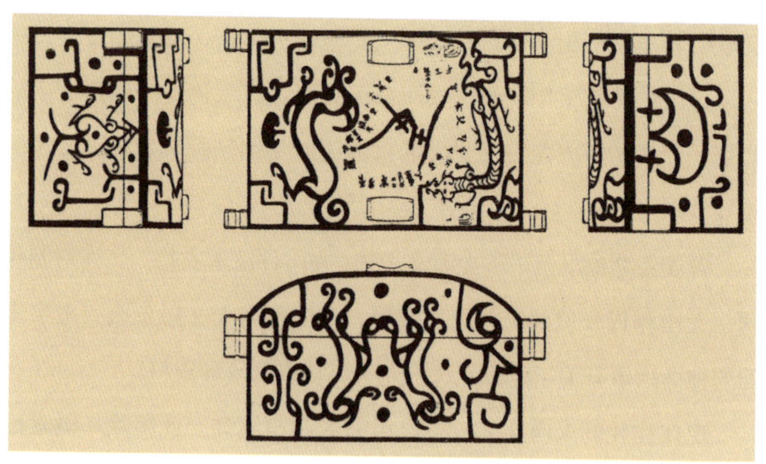

○ E·66号衣箱周身纹饰展开图

过程中，天球北极是不动的，明亮的北斗及其他恒星都围绕着它旋转，靠北斗天极最近的亮星，便是北天极的标志。人们就是这样将北斗与北极联系起来，以此定方位，定季节时令。E·66衣箱顶上的大“斗”字就是这种观象思想的体现，用以表示天极北斗，象征天球的中央。

绕“斗”字所书文字为二十八宿的全部名称，但其称谓与史载略有差异。

我国古代把二十八宿分作四组，每组七宿，并将各组的七宿想象为一种物象，分别以龙、鸟、虎和龟蛇命名，称为“四象”。发展到后来，又将这“四象”与东、南、西、北四方以及青、朱、白、黑四种颜色联系起来。

东宫青龙：角、亢、氐、房、心、尾、箕

北宫玄武：斗、牛、女、虚、危、室、壁

西宫白虎：奎、娄、胃、昴、毕、觜、参

南宫朱雀：井、鬼、柳、星、张、翼、轸

因此，四象又称四宫、四陆、四维等。这种二十八宿与四方相配，是以古代春分前后近黄昏时的天象为依据的，因为这时正是朱雀七宿在南方，青龙七宿在东方，玄武七宿在北方，白虎七宿在西方。E·66衣箱盖顶，右侧绘青龙图像，左侧绘白虎图像，其方位正好分别与二十八宿中的东方七宿及西方七宿相对应。因此，这件

○ E•66号衣箱盖面上的二十八宿星象图

衣箱上的漆画被认为是最早的四象与二十八宿相配的形象记录。

不过，因箱盖顶上下两侧未见图像，少了所谓的“北玄武”“南朱雀”，有人认为四象不全。关于这一点，有人提出了辩解，认为应将箱盖和箱身的图像联系起来看：箱盖绘有龙和虎的图像，箱身一面绘有鸟的图像（鸟旁七个圆点，即代表南宫七宿的中心宿——星宿，这正好与鸟纹代表南宫鸟相互印证），这三个图像正好构成三方，这就是东宫龙、南宫鸟、西宫虎。与鸟相对的一面全为黑色，无图像，表示能见龙、虎、雀三象时，北宫玄武看不见。应该说，这个解释是比较合理的。

关于二十八宿的起源，由哪个国家、哪个民族首先提出，这个问题在19世纪下半叶首先在欧洲展开了激烈争论。

一种看法认为二十八宿起源于中国；另一种看法则认为，不仅二十八宿，甚至中国全部的天文学都是从巴比伦而来的。之所以争论纷纭，是因为在中国、印度、波斯等国的古代天文学中，都将黄、赤道附近的星座分为二十八宿，以组成一个系统。

已故著名科学家竺可桢先生从20世纪40年代起着手研究，他把丰富的天文知识和中国历史文献相结合，多次论证二十八宿起源于中国。他起初认为大概在周朝初年已有完整的二十八宿体系，后来又修正了自己的看法，认为不会早于公元前4世纪。1976年，著名考古学家夏鼐先生发表了论文《从宣化辽墓星图的发现看二十八宿起源问题》，进一步补充和丰富了竺可桢的结论。他根据可靠文献上记载的天文现象来推算，认为我国二十八宿成为体系可以上推到公元前7世纪左右，而真正的起源可能稍早。

曾侯乙墓二十八宿天文图的发现，以无可辩驳的事实证明，它是迄今所见世界上最早的二十八宿天文图。由于它是作为装饰纹样描画在一件衣箱上，说明其时此类天文知识已相当普及，其创始年代肯定比曾侯乙下葬年代要早，这就证明了竺可桢、夏鼐将其起源时间断在公元前7世纪，即春秋时期是可信的，甚至还可能更早。

那么，二十八宿又起源于何地呢？

此天文图是环“斗”字来描绘的，证明和北斗有密切联系。它又与“四象”相配，这些都有着鲜明的中国特点。而且它们是呈赤道环分布，表明中国的四个象限宿属于赤道系统，而巴比伦天象观测并非绝对采用赤道系统，因为直到公元前3世纪，塞琉古时期出土的巴比伦泥砖上还有黄道系统出现。

印度的二十八宿选择亮星作为主星或联络星，但它不起距星

（从每宿中选定一颗星作为精细测量天体坐标的标准，叫这个宿的距星）的作用。而中国二十八宿并不以亮星作为标准，大多数距星是暗星，只有一颗一等星。如前所述，由于二十八宿与北斗星的紧密联系，二十八宿的发源地应当以北斗星作为观测时的标准星，这一点正与中国的实际情况相合。早在成书于战国时代的《夏小正》中就有根据斗柄指向定季节的详细记载。此箱北斗二十八宿、四象紧密联系的布局是二十八宿起源于中国的有力物证。曾侯乙墓发掘10年后，河南濮阳西水坡一处仰韶文化遗址45号墓出土的星象图，其中蚌壳摆塑的二陆：东宫苍龙、西宫白虎，与北斗的图像、E・66

○ **蚌壳摆塑龙、虎与北斗星象图**

河南濮阳西水坡仰韶文化遗址45号墓出土

衣箱的图像有惊人的相似，而其年代却要早2000余年，这无疑是对二十八宿起源于中国之说的有力支持。

在前一节中，我们提及了E·61号衣箱，从乐舞艺术的角度阐述了20字的内容，如果换一个角度，从其文辞所表述的天文星象来考察，它还是一首观象授时之歌。意即当岁首的时候，房宿的四颗大星在天上呈南北向摆成一字形成战阵队列，这就是农祥晨正的天象了。农人要兴农事了，帝王要行籍礼、祈丰穰了，故曰“经天常和”。古时农人晨旦起床后，一抬头望见房宿四星呈正南北向一字阵列，便知道要开始春耕了，这大概也就是“民祀惟房”以及人们为

○ E·61号衣箱盖顶弋射图(上左)及其一端(上右)一侧(下)纹饰摹本

什么要祀房星以及把房星称作“农祥”的缘故了。

从此衣箱盖顶图像来看，在满天云气上下交会的氛围里，扶桑树枝叶茂盛，鸟宿枝头，谷间冰雪已化，弋射者挽弓来临，一片春意盎然的景象。其箱身四侧，一侧无纹，另一侧绘满卷云纹和云气纹；一端无纹，而另一端以红道为界；一边无饰，而另一边绘相向侧身而立的双鸟，似在歌唱。综观这四侧纹饰的安排，它示意着人间正在由寒冬走向春天。

再来看E·66衣箱图，下侧绘有四兽图像，分左右两列，每列两兽，各按同一侧视方向排列，左右对称。中间两兽之间纵列四颗

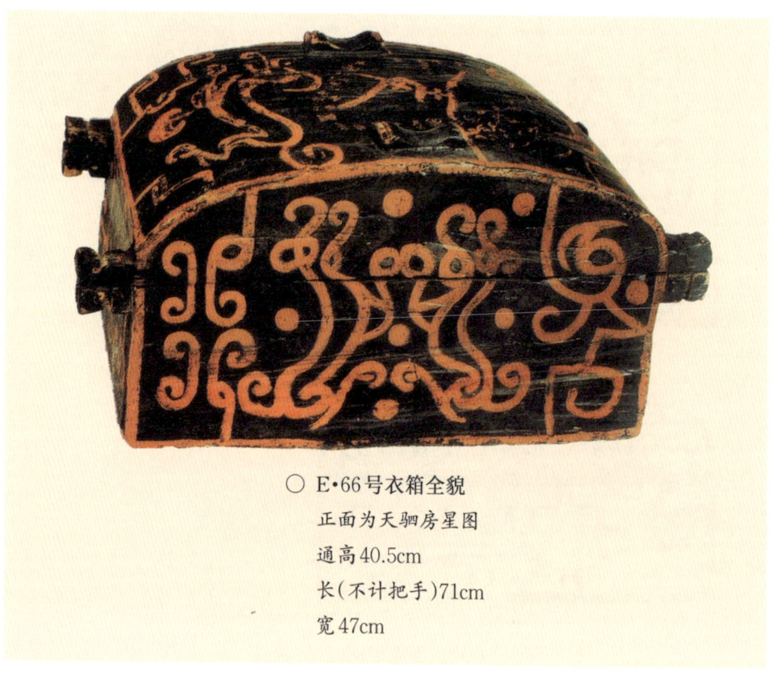

○ E·66号衣箱全貌

正面为天驷房星图

通高40.5cm

长(不计把手)71cm

宽47cm

大星，其中一星位于中间两兽前足相抵的位置，不易察觉，但仔细辨认仍可看出确有一颗与其他三颗等大的星。这四颗大星当是二十八宿中的房宿，又称“天驷”，可见这里的四兽当为四马。此图当可称之为“天驷房星图”，也就是上文所说“农祥晨正”的天象了。

那么，曾国匠师为什么要把这天驷房星图画在衣箱的一侧，它是干什么的呢？有人经过考证与分析，认为制作这些天文图像可能与曾侯在农历岁首举行籍田礼有关。

籍田礼由来已久，是我国古代帝王的一种重要礼仪。天子籍田礼，先天下而亲耕，既是行使统治权的象征，也是为了劝天下农耕，兼有授时与祈丰穰之义。

我们推知写有“民祀惟房”之歌及画有房星天驷图像的木箱，都是行籍礼的仪具。行籍礼之前它们是观象授时（籍礼的日期）的依据，行籍礼之时它们又是敷设的仪具，由膳夫、农正这些职官将祭天用的膳食、礼法诸器陈列于祭坛，这只衣箱很可能被置于坛场正北方的显著位置，使绘有星主的侧图朝向南方，以便祭祀者北面而祀之。其所绘天驷房星就代表农祥星主受祭，也就是受祭的尊神了。仪具敷设就绪后，由太史赞礼，引导王侯完成各种繁缛的礼节，王侯“敬从之。王耕一坺，班三之，庶民终于千亩”（《国语·周语上》），整个籍礼完成。由此可见，这些绘有众多天文星象的漆木衣箱，不仅是珍贵的天文文物，而且也为后人研究当年礼仪文化保留了一批珍贵的研究资料。

曾楚霓裳

曾侯乙墓由于墓坑长期积水，大量丝麻纺织品多已腐烂，没有成形的完整件出土。但已收集的234件残品，尚未炭化，仍然为研究战国早期的纺织品生产工艺技术提供了宝贵的实物资料。有些还是我国考古史上首次发现，其意义不同凡响。

中国的养蚕、缫丝、绩麻有着悠久的历史，远在4700年前的浙江吴兴钱山漾新石器时代遗址，就出土了绢片、丝线、丝带和麻片、细麻绳。绢片是缫而后织的家蚕丝织物，经夏、商、周2000多年的发展，到了战国早期，桑蚕品种经过不断改良，养蚕技术有了新的提高。曾侯乙墓出土的织物残片表现在丝纤维平均截面面积在60—124平方微米之间，比钱山漾出土的绢片，商代的河北藁城遗址、河南安阳殷墟遗址出土的丝纤维截面面积增加了一至二倍。而且每根蚕丝的钝三角形截面比较均匀，差异较小，说明当时人们已注意蚕茧的选用以及缫丝质量的提高。

曾侯乙墓首次发现了丝麻交织的深棕色纱袋。经线有丝线也有麻线，相间排列，而纬线全是丝。由于经线中有丝麻线相间排列，且直径有粗细，故织物表面有条状效果。这在我国纺织史上是首次见到，也可以说是世界上最早的丝麻混纺织品。

在曾侯乙墓出土的丝麻织品残片中，已可见到纱、绢、锦、绣

○ 丝麻织物残片

等品种。其中一种单层几何锦，在我国战国墓葬中是首次发现，对于我们了解从商绮到周锦的发展过程，以及传统的汉锦织造工艺技术原理，具有十分重要的价值。

还有一件龙纹绣残片，花纹线条流畅活泼，从针脚上分析，是采用锁绣（辫子股）法做成，图案立体感很强。这件绣品的地帛是深棕色绢，质地紧密，表面有明显的畦纹。在深棕色绢地上能绣出如此绮丽的龙纹图案，充分显示了曾国绣品在发展过程中特有的艺术风格。

○ 龙纹绣残片

附录

曾侯乙其人其事

曾侯乙何许人，我国史籍无载。在擂鼓墩一号墓被发掘之前，人们一无所知。此墓发掘后，以编钟为代表的万件文物面世，其在文化艺术和科学技术上的辉煌成就震惊世界。作为墓主人的曾侯乙也因之备受世人关注，国内外学术界对他的身世与生平事迹展开了多方面的考证与研究，取得了可喜成果。如今我们已能大体上知道他的基本情况。

曾国姓氏考

本书第三章对墓主人考证时，对曾国的源流已有所涉及。虽然目前我国学术界对曾与随是否为一国二名尚无定论，但对照文献史料和考古发现实物，不管是随还是曾都为姬姓封国，似乎已毋庸置疑。郭沫若主编的《中国史稿》这样写道：“周朝除了在黄河流域建立封国外，很早就向南方江汉地区发展势力。……沿汉水北岸分封了许多同姓诸侯，称为‘汉阳诸姬’，其中最大的是随国。湖北孝感地方曾发现过一批周成王时代的青铜器，记载着成王南征虎方的事迹。成王在这次征伐中经过的曾，后来封有姬姓诸侯，湖北京山等地已发现大批曾国青铜器。”后来考古发现的新材料又多次证明了这一点。

1979年在随州市郊义地岗季氏梁发掘的一座春秋中期的墓葬，出土2件铭文铜戈，标明器主为“周王孙季怡”，又称“穆侯之子，

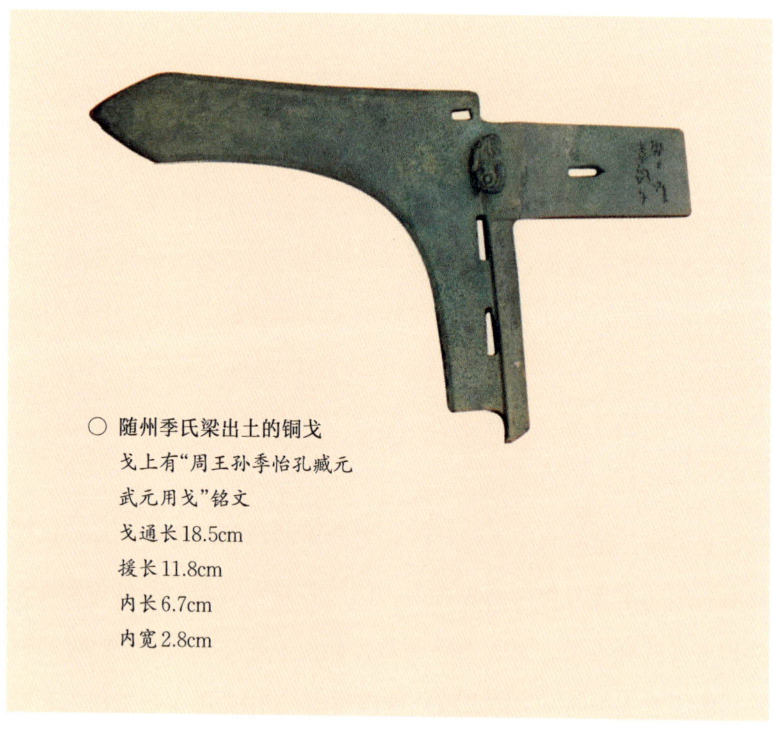

○ 随州季氏梁出土的铜戈
戈上有“周王孙季怡孔臧元武元用戈”铭文
戈通长18.5cm
援长11.8cm
内长6.7cm
内宽2.8cm

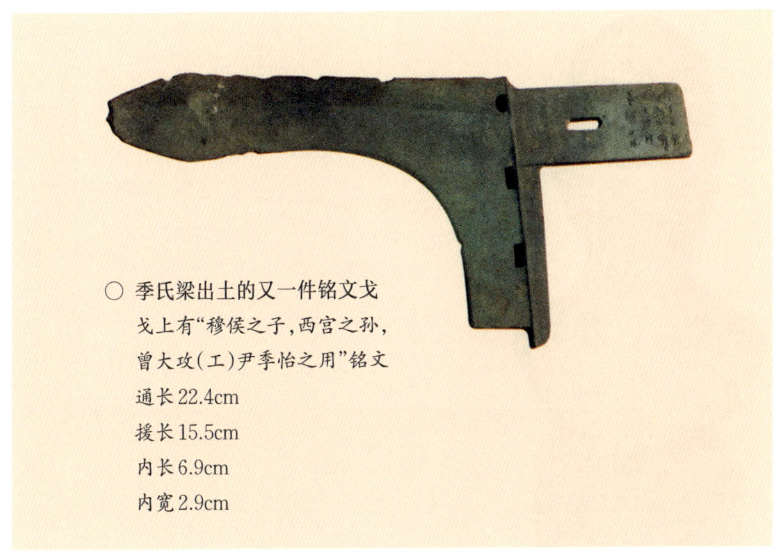
○ 季氏梁出土的又一件铭文戈
戈上有"穆侯之子，西宫之孙，曾大攻(工)尹季怡之用"铭文
通长22.4cm
援长15.5cm
内长6.9cm
内宽2.9cm

西宫之孙，曾大工尹季怡"，证明季怡是曾国公族，曾穆侯之子西宫的后人，但他又称"周王孙"，这就证明曾侯本是周王的宗支。

综上所论，我们说曾国为姬姓诸侯，其国君与周天子同姓应该是毋庸置疑的。

曾侯乙其人

曾侯乙，男，姓姬，名乙，曾国国君。生于公元前475年或稍晚，登基于公元前453年前后，卒于公元前433年或稍晚。

他是一个大奴隶主。春秋战国之际，是我国历史上由奴隶社会向封建社会过渡的时期，社会性质正在发生剧烈变化，但尚未定型。从曾侯乙墓内埋有21名殉葬者来看，其时阶级压迫与剥削仍然是相

○ 曾侯乙复原像

当残酷的，尚未摆脱奴隶社会的羁绊。当然，从殉葬者均用棺葬，除人殉外还用了牲殉（一条狗）、俑殉（有木片俑一、玉人一），又反映出社会正处在变革之中。

他是一位开明的君主。从其“重民重农”这一点可见一斑，或许这是他继承了其先哲季梁“民为神主”的哲学思想之故。季梁是随国的一位伟大的思想家，为春秋初年人，他针对随侯重神轻民的思想，提出：“夫民，神之主也。是以圣王先成民而后致力于神。”他曾解释说：民是主，神是从；如果民心背离，鬼神要降福也无能为力，所以统治者唯有“先成民而后致力于神”才能“庶免于难”。

曾侯乙“重民重农”的思想，从其随葬衣箱上有大量与农时有关的天文资料，尤其是由漆书“民祀惟房”的20字颂歌等可见一斑。又此墓随葬了大批玉雕和铜雕的牛、羊、猪、鸡、鸭、鹅等家禽家畜，葬玉中的21件玉雕家禽家畜，看来他还很重视饲养业。葬仪清单遣策中，不仅记其车马兵甲之名和数量，还特地记有驾车驭马之人，这也是前所未见的。虽然他们大多为官吏，并非一般平民，但其后人的重民思想从中是可以看到的。正因如此，才有20字颂歌，歌颂其“政治修明”“和气致祥”“经天常和”，足见人民对这位君王的忠诚拥护。

他是一位伟大的音乐学家。曾侯乙墓随葬那么多乐器，钟磬铭文中之所以有大量乐理乐律铭文，绝非偶然。这首先是由于曾侯乙喜爱音乐之故。但如果只是一种爱好，其钟磬上的铭文就不会铸写那么多与乐理乐律有关的内容。这些钟磬为曾侯乙生前宫廷中的礼乐器，编钟为曾侯乙所亲自督造。除了“曾侯乙作持”5字外，他并没有将其文德武功铸刻其上，而是铸刻乐理乐律，这除了出于适用的目的外，也是他在音乐学上留下的一笔遗产。他的后人还将其生前所作漆瑟的两件半成品和一件并不用于演奏的声学仪器均钟葬于其近旁，这就显示他生前对于乐器制造与音律研究的重视程度。因此我们完全可以毫不夸张地说，曾侯乙必是一位伟大的音乐学家，其在中国古代音乐文化史上的贡献是非凡的，值得后人景仰。

他是一位通晓天文、历法、声学、音律学、冶金铸造技术的科学家。

曾侯乙墓随葬了许多天文文物，为后人留下了许多珍贵的天文史料。钟磬铭辞中有许多音律学资料，反映出音律学取得的杰出成就。随葬青铜器不仅重量超过10吨，且有大量铸造极精的珍品。这一切与墓主曾侯乙本人的素养是分不开的，因为大量文物并非明器，而是他生前所用之物，且多为自己所督造。

2001年10月在香港召开的第九届国际中国科学史会议上，著名的美籍华裔物理学家、美国圣地亚哥加州大学物理学教授程贞一先生在会议开幕式上致词，在讲到我国近几十年来令人震惊的考古发现，以及古代中国在科技上的贡献时，将曾侯乙与古代世界国内外著名科学家如商高、老子、陈子、毕达哥拉斯等并列，还夸赞曾侯乙所作编钟简直就是一部中国古代科技史“活书”。

他是一位兴趣广泛的艺术家。前已谈到此墓乐器实为两个乐队用器。中室所陈为礼制规定的金石之乐用器，而东室墓主人身旁乐器所组成的寝宫乐队，主奏“房中乐”，这可以看作是曾侯乙个人的爱好了。说明曾侯乙除了按礼制规定重视金石之乐外，对丝竹之乐、寝宫内的轻歌曼舞也是爱好和重视的。此墓内有许多的绘画、雕塑艺术精品和书法佳作，足以证明墓主人生前艺术欣赏兴趣是广泛的，而这其中许多品种绝非明器，大多数是曾侯乙生前所亲自督造的。因此我们有理由说：他是一位兴趣广泛的艺术家，至少是一位兴趣广泛的艺术鉴赏家。

他是一位熟谙车战的军事家。曾侯乙墓万件文物中以车马兵器最多，其种类之全、数量之众、综合功能之强，前所未见。曾国地处随枣走廊，南与强大的楚国为邻，北与中原诸国为伍，为求生存，不得不大力发展军事手工业，且为了在强邻中间求得自己的安全，在政治上、外交上也要善于斗争。曾侯乙首先在与楚国的交往中，达成与楚国的友好相处，以至在他死后楚惠王给他送镈钟，楚国从令尹到封君都为其送车马兵甲，中原的宋国也派人前来会葬。这一切说明曾侯乙是一位很有才干的军事家和外交家。随葬兵器中尤以远程兵器居多，且防御用的人甲胄、马甲胄之多前所未见。长杆兵器尤为特殊，且有矛状车軎的发现，这些都是用于车战的武器装备，说明曾侯乙还是一位擅长车战的军事家和指挥官。

此外，还有学者从此墓出土的动物骨骼、植物果核及若干食器和冰酒器等，推断出曾侯乙还是一位酷爱食鱼和善于用冰的美食家。墓中出土一件双层盘炉（有称之为炙炉者），分上下两层，上层为一类似铜釜之盘，下层为一平底有长方形镂孔、可以通风的三足炉。出土时下层有未燃尽的木炭，上层盘内有一完整的鱼骨，经生物学家鉴定，确认为鲫鱼。鲫鱼俗称喜头鱼，至今仍是湖北人民喜爱的食物，在C100号铜鼎内留有21尾，在C10号野餐用具的木箱内也留有2尾，足见曾侯乙十分喜爱这种鱼。而在C93号铜鼎内有鳙鱼4尾，鳙鱼亦称“鳙鱼”“花鲢鱼”“胖头鱼”，其特点是头大、鳞细、肉嫩、味鲜。曾侯的侍卫们特别为其国君随葬两鼎鱼，并置备一件煎鱼用的随葬品，这自然表明国君生前特别爱好食鱼。从与鱼同出的调料看，曾侯乙生前还特别注重烹调。这些鱼拌有调料盐梅，这种盐梅在随枣走廊的涓水一带生长较多。在没有食醋之前，用盐梅做调料可以起到去鱼腥的功效，同时还可增加鱼的香味。又从出土的漏斗、尊盘、冰鉴等来看，在饮酒时，曾侯乙还特别注意滤去其沉渣，注意夏季使酒降温，冬季使酒升温；此墓出土大量果核，中有花椒、山楂皮、山楂果、山楂子、苍耳等，这些至今仍然是烹调用的上等调料。综上，人们誉称曾侯乙还是一位酷爱鲜鱼的美食家。

○ **双层炉盘**

通高21.2cm

重8.4kg

跋

2021年夏，浙江文艺出版社决定再版《战国王陵：曾侯乙墓》（下简称《王陵》），因作者谭维四先生已仙逝，出版社方找我写写谭老及该书。我从事文博工作后就一直在谭老的指导下工作，虽没有赶上参加曾侯乙墓的发掘，但后期的考古报告整理，文物的保护、展览，编钟的复制，国际学术研讨会，谭老的研究等，我都略有了解。该书再版，我也借此机会对该书的背景略作补充，希望对读者有所裨益。

一、曾侯乙墓考古的历史地位

1.20世纪中国最伟大的考古发现之一

中国20世纪的考古发现能引起社会巨大反响，乃至国际关注的，首推秦始皇兵马俑和曾侯乙墓的考古发现。前者展示了秦王朝的恢弘气势，后者反映了战国早期中国文明所达到的高度，都堪与世界史上的“七大奇迹”比肩，故两者都被誉为“世界第八大奇迹”。而学界评选出的20世纪中国十大考古发现，二者豁然在列，按发现的年代排序是：

①殷墟（1899）

②敦煌（1900）

③北京人（1929）

④定陵（1956）

⑤中山靖王墓（1968）

⑥马王堆汉墓（1971）

⑦河姆渡文化（1973）

⑧秦始皇兵马俑（1974）

⑨曾侯乙编钟（1977）

⑩法门寺地宫（1987）

《科学美国人》杂志组织国际上知名的考古学家评选出20世纪世界十大考古发现，排序是：

①《死海古卷》（1947）

②图坦卡蒙王陵（1922）

③北美原住民遗址的发掘（寻找第一个印第安文化序列，20世纪20年代）

④乌尔王陵（1922—1934）

⑤乌鲁布伦沉船（1982）

⑥奥兹人——石器时代晚期的冰人（1991）

⑦玛雅象形文字的解读（这项工作始于19世纪，取得突破性的进展是在20世纪，目前大概解读了其中的80%）

⑧利基家族寻找人类远祖（20世纪60—70年代，利基家族在东非奥杜韦峡谷发现距今约250万年早于直立人的能人化石）

⑨拉斯科的史前壁画艺术（1940）

⑩秦始皇兵马俑（1974）

著名考古学家布赖恩·费根指出，20世纪十大考古发现的评选标准有两点，即改变考古学家解释过去的方法和深刻地影响大众。十大考古发现是打破范式，使人们对祖先的奇迹产生了新的欣赏。

在公众考古领域，秦始皇兵马俑的发现对大众的影响无出其右。加州大学洛杉矶分校的罗泰教授却指出，曾侯乙墓虽然不像秦始皇兵马俑那样在中国以外有名气，但是它必定能作为这个国家最重要的考古发现之一而在世界范围内占有一席之地，其文物的丰富程度和未经扰动，堪与另一位短命的历史人物、其声望主要是在考古学上的图坦卡蒙相比。罗泰的意思和费根类似，秦始皇兵马俑本质上是对秦朝历史的补充，而曾侯乙墓则揭示出公元前5世纪中国文明前所未知的高度。他在曾侯乙墓发掘40年之际召开的国际学术会议上又说，曾侯乙墓之于考古学的意义超过了秦始皇兵马俑，甚至超过了埃及历史上最著名的法老之一图坦卡蒙的陵墓。曾侯乙墓的发掘打开了中国古代人类精神文化的新窗口，曾侯乙编钟上的铭文和实物组合的研究，为我们带来更加生动和深刻的理解。

2. 改写中国先秦文明史

曾侯乙墓发现的另一个重要意义，是为“轴心时代”中国的科技水准和文明史树立了新标尺。“轴心时代”是德国思想家雅斯贝尔斯提出的概念，是指公元前800年至前200年，中国、印度、波斯、以色列、希腊等地区同时出现文化上的突破，人类开始有了自觉的意识，世界有了统一的框架，其特征是各文明出现了一批哲学家或先知，如柏拉图、佛陀、老子、孔子等。曾侯乙墓则在物质层面，如一钟双音的铸造技术、编钟的纯音乐铭文，印证了这一点。它直接改写了中国的先秦文明史，此后国内外诸多教材论及先秦文明时，曾侯乙编钟都是典型象征。我以《剑桥中国史》为例。

剑桥国别史和专业史在国际上享有盛誉。1966年，崔瑞德和费正清开始编撰《剑桥中国史》。他们没有料到遇上了大麻烦，一是《剑桥中国史》的编写居然长达近50年；二是为第一卷的起始时间颇费踌躇，最后决定从秦朝开始。1986年第一卷出版，他们在总序中说，本来打算从中国历史的最早时期写起，但着手写时，“我们不论对中国史前史的知识，或是对公元前第一个千年的大部分时期的知识，都因大量的考古发现而发生了变化；这些发现始于20世纪20年代，而自70年代以来取得了越来越大的势头。这一大批新材料一再改变了我们对早期史的看法，而且至今还没有对这些新的证据和传统的文字记载作出任何普遍公认的综合。尽管屡次作出努力，试图计划并写出能够总结我们的早期中国知识现状的一卷或几卷著作，但事实证明现在尚不能做到这一点。很可能还需要10年工夫，才能

○《剑桥中国上古史:文明的起源—公元前221年》封面

对所有的新发现进行可能有一定持久价值的综合”。1999年，剑桥大学的鲁惟一教授和芝加哥大学的夏含夷教授编撰的《剑桥中国上古史：文明的起源—公元前221年》终于出版。编者举了三星堆、曾侯乙墓和中山王墓三个例子，并指出无论怎样强调考古新发现都不过分。

曾侯乙墓的考古发现和研究的领军者正是谭维四先生。当我看到该书出版并以曾侯乙编钟为封面时，感叹编者当年决定缓写先秦部分是何等的英明和重要。我把此事告诉了谭老，他也特别高兴。

二、谭维四的曾侯乙墓研究

谭先生作为湖北考古文博事业的主要领导者，湖北的多项重大

○ 1978年，谭维四在随州曾侯乙墓发掘工地和当地雷达站的解放军官兵一起

考古发现和事业发展都与他分不开。他对曾侯乙墓的研究贯穿一生，其晚年在兹念兹的就是如何把曾侯乙墓的考古知识和学术成果告诉大众。他去高校讲音乐考古，在央视讲湖北的重大考古发现，撰写普及类著作，其实就是践行今天人们熟知的“公共考古”。在《王陵》中，他那种要把公元前5世纪中华文明的辉煌昭告天下的使命感表现得尤为明显。该书看似非学术性著作，作者多年的学术心得却蕴涵其中。

谭先生的曾侯乙墓研究是一个动态过程。从他出版和发表的有关曾侯乙墓的书籍、文章看，其研究大致可为三个阶段。第一阶段是1978—1989年，即曾侯乙墓的发掘到文物出版社的《曾侯乙墓》考古报告（下简称《报告》）出版；第二阶段是1990—2001年，以湖北人民出版社1992年的《曾侯乙编钟研究》、文物出版社2001年的“20世纪中国文物考古发现与研究丛书”中的《曾侯乙墓》（下简称《曾墓》）为代表；第三阶段是2002—2015年，以浙江文艺出版社2012年的《王陵》，西苑出版社、金城出版社2015年的四卷本《曾侯乙编钟》（下简称《编钟》）等书为代表。

在第一阶段，谭先生主持发掘曾侯乙墓，整理曾侯乙墓的考古报告，组织复制曾侯乙编钟，举办展览，在国际上介绍曾侯乙墓的考古成就等。这些产生了巨大的影响，比如《巴尔的摩太阳报》1984年8月1日发表了长篇专稿，称“远东文明第二个摇篮在中国南方发现”，引发了国际上对先秦文明的重新认识。前文提到的剑桥史也因此缓写中国的先秦时期。在第二阶段，谭先生广泛吸收国内外的相关研究，力求严谨、准确，避免过度解读。在第三阶段，谭先生则跳出了纯考古学的研究范畴，从人类学和哲学的维度思考曾侯乙墓的文化现象。他晚年致力于公共考古，早先曾侯乙墓的发现与研究带给他的那种文化自信，已转变为从人类文明进程中分辨异同，寻找文明基因，把研究乐趣化为激励公众关心考古事业、探索传统文化、认识先秦文明特征的自觉。

1. 曾侯乙墓的文化属性

曾侯乙墓发现之前，曾国不为学界关注。曾侯乙墓的发现揭示出江汉流域有一个与楚国关系密切且强盛的曾国。当时，学界根据发掘简报把曾侯乙墓作为典型的楚文化或者是楚系文化的代表。如张正明先生在《楚文化史》中指出，曾侯乙墓是认识楚文化内涵的关键；刘彬徽先生在《楚系青铜器研究》中直接把曾国青铜器列入楚系青铜器群。

此前有关曾国的考古发现，除京山苏家垄的青铜器群（1965）和随州擂鼓墩2号墓（1981）外，没有系统的考古材料。《报告》对曾国的文化属性下的结论是：曾国在政治上已成为楚国的附庸，曾侯乙墓在文化特征上有着浓厚的楚文化色彩，可以纳入楚文化的范畴。其影响延续至今。

《报告》完成后，谭先生筹划的曾侯乙编钟国际学术研讨会在1988年召开。此时，他的曾国文化、音乐研究的地方主义热情冷静下来，视野也更为广阔。他对曾侯乙墓文化属性的重新思考也影响了学界。1998年，冯光生先生从音乐学的研究指出，楚文化在战国早期尚未全面影响曾国。曾侯乙编钟的属性是周文化，循着西周已形成的编钟双音结构及规范而发展。它并不是楚文化的产物，只是曾、楚及其他国家音乐交流的工具。《中国考古学·两周卷》（2004）也强调，春秋时期曾国青铜礼器和列鼎形式及组合特征，反映了曾国贵族遵循的是中原系统的周礼。至战国时期，青铜器风格发生了较大的变化，来自楚文化的影响日渐增强。

在研究的第二阶段，谭先生在《曾墓》中已明确认为曾国属于周文化。他指出，从考古类型学的角度对出土器物进行考察，尽管不少曾国器物明显受楚文化影响，如青铜礼器中的束腰平底鼎、小口鼎，漆器中的髹漆以红黑对比为主，纹饰风格也为南方楚漆器所常见，但对器物造型、纹饰、风格进行总体观察，占主导地位的仍然是中原两周文化因素。这一研究结果使他在《王陵》一书中连楚文化的概念都没有提。这反映出谭先生不囿于成见、治学严谨、与时俱进的态度。

2.常识和细节

谭先生是考古学家，也曾担任湖北省博物馆馆长。曾侯乙墓发掘后，筹划展览向公众普及考古知识、进行文化教育是他的中心工作，也是他的责任。1979年，叶剑英、李先念等同志参观曾侯乙墓文物之后，殷切嘱托他要复制出曾侯乙编钟，向世界传播中国古代的乐音。这更促使他关注曾侯乙墓文物展览中的教育和多维度传播问题。

在传播上，先入为主的观点很难纠正。曾侯乙墓文物展出后，各种问题纷至沓来。谭先生广泛吸纳国内外的研究成果和前沿新知，有一分证据说一分话，遵循常识，重视细节。从1978年曾侯乙墓发掘现场举办的首展，到武汉、北京、香港、广州等地的展览，以及1988年退休之后的各种公共考古活动中，他都会调整曾侯乙墓文物的叙事，并积极与人交流学术，只要观点言之成理，无论对方是什么身份，他都能从善如流，故他的每部专著、每次展览都有新意。他所奠定的曾侯乙编钟展演模式也多次得到了国家领导人的表扬。1984年，曾侯乙编钟复制件进怀仁堂演出，参加中华人民共和国成立35周年庆祝活动。1986年，意大利歌唱家帕瓦罗蒂来华访问，在中国历史博物馆，当曾侯乙编钟复制件演奏《我的太阳》时，帕氏因合同约束吹口哨相和，并高呼“音乐万岁”。

○ 1979年，谭维四馆长向王任重副总理介绍曾侯乙墓尊盘　　张其军　摄

曾侯乙墓文物最初展出时，阶级斗争史观和意识形态叙事仍是主流，如"曾侯乙墓出土的大量珍贵文物，都是我国古代劳动人民血汗和智慧的结晶"，"（殉葬者）可能是被统治者采用'赐死'的欺骗办法迫令殉葬的"，"显示身份等级的九鼎八簋之类的铜礼器以及编制庞大的编钟、编磬等，与当时礼崩乐坏情况下列国诸侯僭用天子之礼的葬仪，情况也是相符的"，等等。订正这些看法需要魄力和担当，即使在今天也是如此。谭先生不唯上，只唯实，那些过于意识形态化、情绪化和有歧义的描述很快在后来的展览中得到修正。

如殉葬问题，在《曾墓》中已无"欺骗"一词，认为"这些死者大多数当为被迫从死，但也不排除其中有自愿从君而死的人"。在《王陵》中，他说东室殉葬者"也不排除其中有'自愿从死'的可能”；西室殉葬者与东室不同，“当属被迫从死”。

又如曾侯乙墓随葬九鼎八簋是否“僭用天子之礼”问题，正式的考古报告中避而不谈，只根据墓中三面悬挂钟盘的“轩悬”之制指出曾侯乙墓钟磬的“轩悬”与周代诸侯享用礼制相符合。在《曾墓》中，谭先生提到了李学勤先生“天子的用鼎数恐仍应以《周礼》为准，是十二件鼎”的观点，修正了曾侯乙墓的鼎制是“僭越”的说法。在《王陵》中，他谨慎地提到要等今后周王墓的考古证据定论。他的严谨和科学的精神，在馆方后来历次的展览改版中都得以延续，如不再定义曾侯乙墓属于楚文化。近年曾国新的考古材料陆续发现，果然证明如此。

对研究而言，更改传统说法需要专业眼光和实事求是的精神，注重文物表述的细节则要洞察力和哲思。谭先生对曾侯乙墓文物的个案研究非常关注，他经常会将看到或听到的有关某文物研究的新观点告诉同仁，尤其对文物细节的文化意义感兴趣。据我了解，这是他在曾侯乙墓发掘十周年国际学术研讨会后的一大变化。

曾侯乙墓文物在考古、历史、冶铸、音乐、艺术等方面的成就荦荦大端，但从人类文明发展的角度来思考其文化意义，一般人就不一定有主动意识。谭先生在这方面为后学树立了榜样，我举两例说明。

曾侯乙墓出土了料珠，经鉴定，该料珠化学成分属铅钡玻璃，与阿拉伯产的料器相同。埃及、两河流域、阿拉伯地区都是最早使用玻璃的地域。两河流域出土的公元前2500年的玻璃杯是由植物灰和二氧化硅制成。前文提到的20世纪世界十大考古发现中的乌鲁布伦沉船中，发现了约公元前1350年、可能来自埃及的蓝色玻璃锭，也非常有名。李约瑟说，玻璃由西方传入中国，“蜻蜓眼”在拉登文化时期（La Tne Culture）①，大约公元前480年起就已很常见了，而至迟到公元前300年，即驺衍和庄周的时代，这类珠子就已传到中国并被仿制。过去因检测手段所限或回避其传播问题，《报告》对其来源也未作讨论。但谭先生在《曾墓》《王陵》中对其都有专门讨论，他敏锐地感觉到这一玻璃传播史的小细节可能涉及中外文化交流的大问题。

曾侯乙墓出土的车马器中有2件连弧状矛的青铜车軎。《报告》中推测可能为一对，并无阐述。西方记载刀轮车的文献很多，如色诺芬的《希腊史》《长征记》、斯特拉波的《地理学》、阿瑞安的《亚历山大远征记》、彭波尼斯·梅拉的《世界概述》、普鲁塔克的《道德论丛》、阿庇安的《罗马史》等。这些记录中说，波斯人与亚历山大大帝作战或叙利亚王安提阿与罗马人作战，一次战役中出动的刀轮车动辄数十辆。最夸张的是普鲁塔克说波斯王大流士在土耳其的格兰尼库斯一次战役就损失了502辆刀轮车。谭先生知道西方历史中有类似的刀轮车后极为高兴，在《曾墓》《王陵》等著述中多次讨论。

刀轮车的起源有迦南人、亚述人、印度人、马其顿人等多种说

①拉登时期(公元前5世纪中叶至前1世纪末),指瑞士的拉登遗址发现的西欧和中欧早期铁器文化,由操印欧语系的凯尔特族人创造,分布于瑞士、奥地利、英、法、德等国。

○ 安德烈·卡斯泰涅描绘的高加米拉战役(前331年)中的波斯刀轮车　引自维基百科

法，但没有考古证据。色诺芬在《长征记》中讲的公元前401年小居鲁士用刀轮车攻击希腊人一事是最早的文献记录。圣彼得堡州立大学内菲奥德金认为，在波斯王薛西斯一世入侵希腊（公元前480—前479年）时还没有刀轮车，刀轮车可能出现于公元前467—前458年的希波战争中，当由骑射手和标枪手组成的波斯骑兵无法冲破希腊人坚固的重装步兵防线时，刀轮车就能派用场。波斯阿契美尼德王朝（前550—前330年）用刀轮车对付马其顿方阵也是基于同样的战术需要。刀轮车到底是什么样子，画家安德烈·卡斯泰涅根据色诺芬的描述"刀从车的中轴往两旁伸出，也装在车身下，指向地面，以便能把所碰到的一切切割碎裂开来"，画出了想象图。

中国青铜器的来源和传播是一个老问题。考古发现最早的青铜

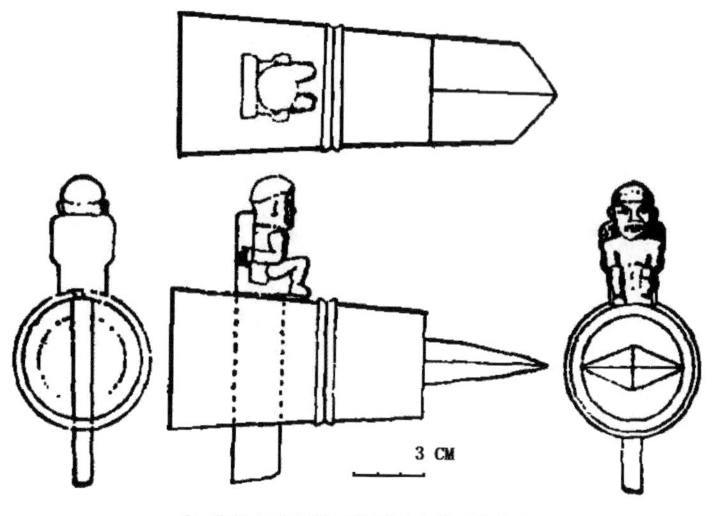

○ 陕西户县宋村春秋墓出土的矛状车軎

器和马车都出现在西方。新中国考古的一项重要成就就是证实中国的青铜器有自身的发展路径。陕西户县宋村发掘的春秋早期墓葬曾出土过一件矛状车軎，其年代或可追溯到公元前8世纪。因该车軎之矛短小，发掘报告称其为“顶端作刺兵状”的I式轴头。从西方刀轮车的文献和想象图看，曾侯乙墓发现的矛状车軎与波斯战车的刀轮，二者出现的时间相当、形制相似，这就不禁使人思考刀轮车的传播和是否各自发明等问题。

矛状车軎只是小问题，但它关系到古代车战战术的应用、人类文明传播的大问题。谭先生认为矛状车軎反映了“中国古代战车的制作与车战技术处在世界的前列”，是相当平实和言之成理的。

在《曾墓》《王陵》中，谭先生谈论曾侯乙墓文物的发掘经过和文化意义时，娓娓道来，举重若轻，格局宏大，看似寻常其实蕴涵他多年研究的心得。

3.引领文博界跨学科研究风气

文博工作有个行规，就是考古材料没有发表之前他人不能介入，谭先生在曾侯乙墓的发掘和研究中就破了例。

主持编写曾侯乙墓考古报告是谭先生考古生涯的里程碑，但没有他在文物的研究和报告的撰写中引领跨学科研究的风气，该报告就不可能荣获“夏鼐考古学成果奖”。

谭先生素有与学界分享考古材料的好名声。他在研究江陵望山一号墓出土的越王剑主人身份时，就邀请了郭沫若、唐兰、于省吾、夏鼐、容庚、陈梦家、商承祚、徐中舒、罗福颐、胡厚宣、王振铎、苏秉琦、顾铁符、朱芳圃等诸多学者讨论，成为佳话。顺便说一句，谭老委托我把这些学术讨论信札交由博物馆收藏。曾侯乙墓文物涉及学科范围之广甚为罕见，要撰写高质量的考古报告，跨学科研究势在必行。谭先生主动邀请各方面学者介入未发表的文物之研究，没有开阔的胸襟和使命感是办不到的。

曾侯乙墓是空前绝后的考古发现，文物反映的新问题很多，在国内外的影响也非常大。就我所知，编撰考古报告前后，考古文博界之外，史学界的李学勤等先生，古文字学的裘锡圭、李家浩、饶宗颐等先生，材料物理界的柯俊院士，天文学界的席泽宗院士，音乐学界黄翔鹏先生、王湘先生，科技史的华觉明先生，物理学界的美籍华裔物理学家程贞一先生等，都做出了贡献。湖北省内相当多

○ 曾侯乙墓考古发掘报告书影

的文博、科研、教育单位在文物的研究、保护、科学检测等方面都给予了大力支持。可以说，谭先生如无此胸襟，《报告》以及他后来的系列著作的学术水准就很难保证。我举冶铸、音乐和天文研究的例子。

①冶铸

曾侯乙墓出土的青铜器以编钟和尊盘涉及的技术和文化方面的问题较多，前者涉及铜料产地、钟范的精准控制、青铜合金成分比例与乐钟音质的关系、钟范和钟体的调律、中国律学的起源等问题；后者涉及制作方法、中国失蜡法铸造的起源、技术传播等问题。如果没有跨学科的研究，谭先生是不可能对这些问题做出精彩的表述的。例如曾侯乙墓出土的青铜盥缶，器身以红铜纹样装饰，此前考古界统称这类纹样装饰技术为镶嵌。经过冶金史学者技术复原研究，发现这是一种结合铸造与镶嵌的未被辨识的技术。它最早出现于商代，春秋时重新流行。谭先生倡导跨学科的研究使之以“铸镶法”重新记录在案。

为弄清编钟的铸造、调音等技术，完成叶剑英等中央领导人的嘱托，谭先生邀请中国科学院自然科学史研究所、武汉机械工艺研究所、广东佛山球墨铸铁研究所、武汉工学院和哈尔滨科技大学五家科研单位组成“曾侯乙编钟复制研究组”。他艰辛备尝，功不唐捐。曾侯乙编钟复制成功后，在1985年获得文化部科技成果一等奖。

编钟的复制成功一举多得，既为参与单位培养了人才，复制编钟的展演又在国内博物馆界开风气之先。更重要的是，谭先生后来在《报告》等著作中讨论曾侯乙编钟科技成就时都有编钟复制所获得的证据。实验考古、公共考古这些现在流行的方法和概念在当时还没多少人知道。此事足见谭先生眼界之宽、格局之大，堪称引领文博界跨学科研究风气的第一人。

②音乐

曾侯乙编钟的研究水平是奠定考古报告的基础。曾侯乙墓的发现，尤其是编钟具有五声、六声、七声等多种音阶，有八度音、十二半音、一钟双音等音乐成就，引起空前的民族自豪感，也给西方学界带来震撼。这主要有三个原因：

第一，中国的铸钟技术远比西方或两河流域先进。同时期，亚述时代马挽具上的铃，只有约四英寸。李约瑟指出，公元1000年时，在欧洲还没有见过或听说过超过二英尺高的钟。

第二，西方钟为圆形，调音时通常是敲出“击音”后听出“主观”音高，它通常比作为基音的“哼音”高出一个八度。曾侯乙编钟有真正的基音，最大的钟重203公斤，能发出一个比中央C低两个八度的C2音。纽约市立大学布鲁克林学院音乐教授麦克伦指出，西方钟如果发同样的音就得用100倍（原文如此）的青铜来铸造，而音律复杂、声音和谐的乐音，编钟用了不到5吨青铜就达到了。

第三，以沙畹为代表的西方学者一般认为，公元前3世纪或前4世纪以前的中国音阶体系是从希腊人那里借来的。曾侯乙编钟的音乐成就证明事实并非如此。

中国音阶、音律的形成受西方影响曾是定论。李约瑟基本认同沙畹的观点，但也指出毕达哥拉斯音阶与中国音阶（五度相生），不论在结构的一般形式上，还是在某些音（如八度音、四度音）的具体比例上，并不完全一致。他说，西方七声音阶的影响曾不止一次地得到增强，但中国自己的音阶划分也更加精细化了。中国的音阶本质上不同于毕达哥拉斯音阶，巴比伦人发现了产生八度、五度和四度音程的弦所必需的长度的数学规律。这种知识向东西两个方向传播，被希腊人和中国人各自独立运用。希腊人用先分八度音而后再分四度音的方法，建立了他们的声学理论；中国人则从给定的基音出发，通过生成五度音和四度音相间的系列，发展了音的循环。

曾侯乙编钟发现后，麦克伦教授提出音乐的“泛亚欧和谐结构论”，认为曾侯乙编钟音律的源头在更古老的巴比伦，古代中国的音乐思想在结构上与印度、希腊和巴比伦的音乐思想相似，他说，如果曾侯钟为其同时代希腊人希罗多德所知，我们可能早已听说到它们并视其为古代世界第八大奇迹。今天通过中国的报告所表露出的民族自豪与喜悦完全是应该的。现今中国人知道了他们的祖先在公元前5世纪时在音乐才能方面已达到了如何惊人的高度，而且我们的世界教导我们所相信的东西是无法与这一成就相比的。

密歇根大学的杜志豪教授在1986年和1987年曾两度来华与谭先生讨论国际上相关研究的进展。他告诉谭先生，麦氏有丰富的重建古代音乐的理论，但曾侯乙编钟一钟双音，且调音是重点，巴比伦音乐生物物理学不能解释这些现象。他指出，麦氏说巴比伦的调音逻辑影响了中国，但商代就有了天干地支六十甲子的计算和五度相生、十二律，两地都存在五度相生律，但扯上听觉的生物物理学也太玄了，毫无意义。人类受生物学和天文因素的制约各半，不管有没有早期传统的影响，也同样得出五度相生的结果。饶宗颐先生发文批评麦克伦，认为东西方在建立音乐上的和谐观念和喜欢结合天文观念来解释乐律的事，彼此之间有许多雷同之处。但只是表面上的类似，不能轻易便认为这种律制是从巴比伦传入中国的。

《报告》对先秦的中国音乐是否受到西方影响做了言简意赅的结论，指出先秦的七声音阶是中国人自己的创造。该结论的背后正是海内外学者跨学科研究的结果。《报告》《王陵》等限于体例无法详述此事，略显遗憾。

③天文

曾侯乙墓出土了5件与天文有关的漆衣箱，其中绘有二十八宿、北斗、四象的衣箱涉及天文学史和文化传播，意义重大。

二十八宿是古代北半球记录日月五星运行的观象系统，其起源争论近300年。“中国起源说”，持此观点的代表人物有法国的比约、德莎素，荷兰的施古德，日本的新城新藏，中国的郭沫若、夏鼐等；“印度起源说”，持此观点的有英国的白赖南、美国的伯吉斯等；“巴比伦起源说”，持此观点的有德国的韦伯、奥尔登贝格，英国的艾约瑟等。这项研究形成了李约瑟所谓的“不断表现出包办代替的沙文主义”的壮观景象。

李约瑟认为中国的商代就出现了二十八宿。它是从商代中期开始逐渐发展起来的，其核心部分在公元前14世纪就已经出现了。但

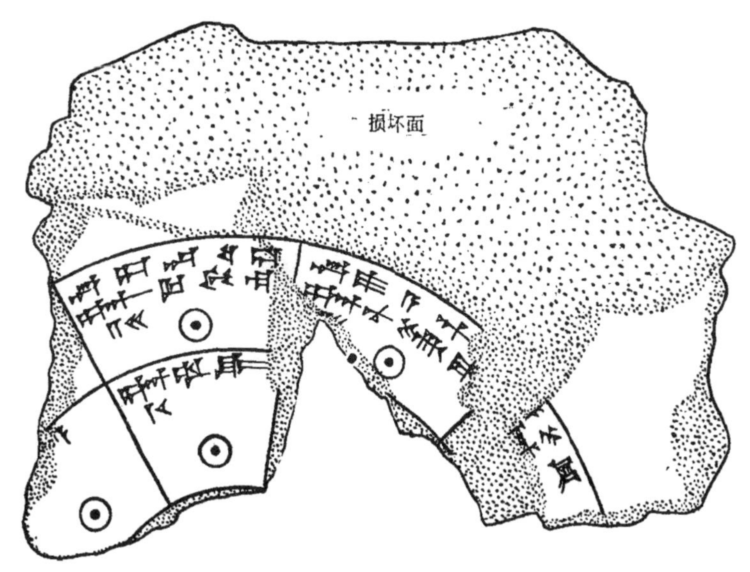

○ 巴比伦平面球形星图(约公元前1200年)　　引自李约瑟《中国科学技术史》

其根本不是中国固有的，而属于巴比伦。他委婉地表示“中国起源说”还需要证据，除非认为每一个使用原始阴历的文明古国都需要有一套二十八宿，从而各自创立二十八宿体系。这种说法就天文学的角度来看是可以成立的，但从历史学和人种学着眼，则很难令人信服。李约瑟根据当时大英博物馆所藏的巴比伦泥版星表的楔形文字释读的新进展认为，东亚的赤道“月站”是在公元前一千纪中期以前起源于古巴比伦的天文学。

二十八宿衣箱的发现引起了极大关注。美国加州大学圣迭戈分校物理学教授程贞一、中科院天文学家席泽宗院士和香港中文大学教授饶宗颐的研究认为：二十八宿衣箱的发现，其一，证明二十八星宿在中国的出现要早于公元前3世纪，过去推测帝尧时代就已出现是成立的。其二，将巴比伦星表中的“犁星”系统的36个星群与二十八宿比较，没有发现任何相互影响的证据。其三，不同文化对相同天象观测出现的相似性不足以作为传播证据，李约瑟认为二十八宿起源与巴比伦有关的看法是偏颇的。其四，麦克伦结合希腊、美索不达米亚的天文与音律分析曾侯乙编钟音律是泛欧亚文化的假设没有根据。

程贞一教授是国际知名的物理化学、原子物理和科技史专家，席泽宗院士是著名的天文史学家，饶宗颐教授是著名的中西文化研究学者，他们在此项有关曾侯乙墓文物涉及的天文和音律的研究上联袂撰文也是学术史上的佳话。该研究的结论谭先生在《王陵》等书中有详略不同的呈现。

文物有祖国，研究无国界。正是因为谭维四先生有这样的认识，率先开展跨学科研究，吸收国内外学者的真知灼见，曾侯乙墓文物的研究成果丰硕，在中国催生了“音乐考古学”。

自1988年编钟国际研讨会之后，谭先生的研究视野更开放，对中国古代文明不是孤立发展有更深的认识。2001年，他应程贞一教授之邀，去香港参加第九届中国科技史国际研讨会并作主题报告。程贞一教授告诉他，国际学界高度评价曾侯乙其人，认为曾侯乙是堪与柏拉图、毕达哥拉斯、孔子比肩的人物，应该从公元前5世纪人类历史出现的“文明轴心的文化突破”的视野评价曾侯乙编钟体现的文明成就。

2015年10月，由邹衡、谭维四主编的四卷本《曾侯乙编钟》出版，这是我国第一部以全球化视野撰写的、全面反映曾侯乙编钟文化面貌及多学科研究成果的专著。该书指出，公元前5世纪中国文明

○《曾侯乙编钟》书影

出现的“轴心突破”影响了制度和技术的变化，曾侯乙编钟这类礼乐制度象征物的出现正是轴心突破之后百家争鸣时代的必然结果。曾侯乙编钟本身由多套编钟组合而成，又融会了多个诸侯国的音律体系，在文化层面反映的是音乐的多元化，已不再是纯粹的宗庙礼乐器。这表明以谭维四先生为代表的学界对曾侯乙墓文物的研究已自觉地从人类文明“轴心突破”的视野，思考以编钟为代表的曾侯乙墓文物所反映出中国文明在轴心时代的技术、文化、哲学特征和之所以然。

三、曾国考古的新发现

1.解决曾国之谜，厘清曾国的文化属性

1978年发掘的曾侯乙墓在当时社会上和学术界引起极大的关注，其原因有两点：一是该墓出土文物数量多、制作精、保存好，其所反映出来的成就颠覆了以往人们的认识；二是曾楚关系紧密，促进了“楚文化”热和地方上的文化自信。虽有考古学家指出曾侯乙墓不是楚墓，但多数学者把曾侯乙墓作为“楚文化”的代表，影响甚广。

《报告》出版后，有众多学者根据墓主身份、埋葬习俗、礼制和青铜器特点、音乐属性、新的考古发现等多方面的证据指出，曾侯乙墓的考古学文化是吸收了楚地文化因素的中原文化。谭先生重点研究曾侯乙编钟，1999年在加州大学圣迭戈分校，2001年在香港第九届中国科技史国际研讨会上，他反复讲述的问题就是公元前5世纪

的轴心时代，在世界范围内出现理性精神的觉醒和文化的突破，曾侯乙编钟的制作水平和音乐成就显然说明其思想和技术的准备还要更早。此后类似的宏大礼乐器在中国传统社会中不复出现，它的文化意义、意识播迁、技术流变都超出了公元前5世纪，谭先生非常希望找到更早的考古证据。

2000年，湖北省文物考古研究所在襄阳市欧庙镇王沟树梁家老坟11号墓发掘出了一件春秋时期的“曾侯昃之用戈”。2002年，襄阳市博物馆在枣阳郭家庙的曾国墓地发现了国君曾伯陭墓。2002年，湖北省博物馆与湖北省文物考古研究所重新合并后，新班子对田野考古的学术性更加重视，而从博物馆退休多年的谭先生寄希望馆、所领导持续关注曾国研究。考古所领导积极回应了谭先生寻找早期曾国的构想，主动性的考古发掘也提上日程。这些都给谭先生寻找曾国早期音乐的线索带来了希望。

2003年，《编钟》一书开始策划编纂，由北京大学的邹衡教授和谭先生共同担任该书主编。2006年底，初稿全部完成，后因经费和技术问题，出版延宕不决。谭先生好像预感会有考古新发现来解决曾国音乐的源流问题，并不急于将《编钟》定稿。

2009年6月，湖北省博物馆考古研究所在随州市文峰塔发现两座东周墓。其中，M1墓主是春秋晚期的曾侯與，其名曾在曾侯乙墓青铜器上出现过，该墓随葬的编钟出现了“王遣命南公，营宅汭土，君此淮夷，临有江夏”的铭文。这说明曾国的先祖是周初的南公。此后，陆续发掘了随州叶家山西周曾国墓地（2013年）、枣阳郭家庙

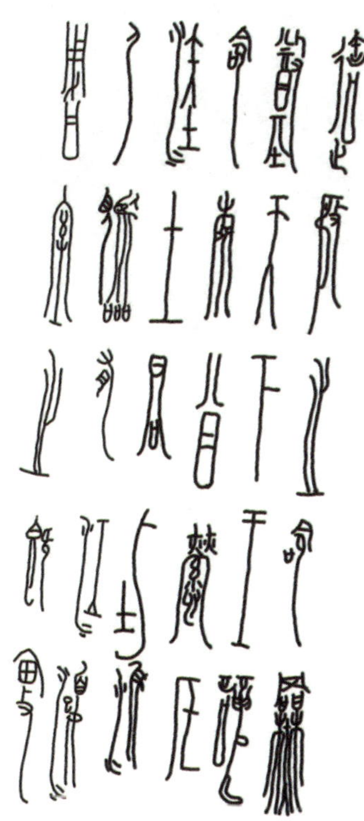

○ 曾侯與甬钟及部分铭文

春秋早期，2009年随州市文峰塔东周墓出土

上有铭文：惟王正月，吉日甲午，曾侯與曰：伯适上庸，左右文武，挞殷之命，抚定天下。王遣命南公，营宅汭土，君此淮夷，临有江夏。周室之既卑，吾用燮就楚。吴恃有众庶，行乱，西征，南伐，乃加于楚

○ 2013年，随州叶家山西周早期曾侯犺墓发掘现场　　　王纪潮　摄

曾国墓地（2014年）、枣阳曹门湾曾国墓地（2014—2015年），这些发掘再次确证曾国是周王室南公的后裔，如叶家山111号墓中有一件铜簋，上有铭文“犺作烈考南公”，表明曾侯犺为其父南公所作。此外，叶家山墓地、郭家庙墓地也出土了编钟。经对春秋时期的郭家庙10件一套的钮钟测音，完整地呈现了“徵、羽、宫、商、角”即“五正声”的宫调系统，这是曾侯乙编钟的先声。这些新发现初步勾画出了曾国早期音乐的发展脉络。

有关曾国考古的新资料不断出现，《编钟》一书遂得以在新发现的基础上反复增补修改，并解决了有关曾国起源这个关键性问题，于2015年正式出版。它也为谭先生一生探索曾国之谜、曾国的文化属性，研究曾侯乙墓所代表的音乐成就和冶铸技术在公元前5世纪领先世界的学术成果画上了较圆满的句号。

○ 南公簋

西周早期,2013年叶家山111号墓出土

通高31cm,口径23.4cm

簋内壁铸有铭文:犺作烈考南公宝尊彝

○ 编钮钟

春秋早期,2015年枣阳郭家庙墓地郭家庙墓区30号墓出土

通高13.5cm—24.5cm,通宽8.8cm—19.5cm

2.厘清曾楚关系

随州文峰塔、叶家山等曾国墓地的考古发现解决了曾国起源、国属等关键性问题，为《编钟》一书判定曾侯乙音乐文化的属性扫除了障碍。谭先生心中还剩下最后一个问题，即曾、随、楚三者的关系。

编钟铭文记载，曾侯乙去世后，楚惠王送了一套编钟到西阳祭奠。有人猜测是因为公元前506年，吴人伐楚破郢都，楚惠王之父昭王奔随国避难，后得以复国，惠王遂送宗彝报恩。但从历史和文献上看，随国没有曾国之名，春秋战国时期兴亡继绝之事很多，一国之君送他人编钟独此一例，恐怕还另有原因。

2013年，湖北省博物馆征集到一件随仲嬭加鼎，鼎腹部有铭文："唯王正月初，吉丁亥，楚王剩（媵），隓（随）仲嬭加飤（食）緐（繁）。其页（眉）寿无日（期），子孙永宝用之。"这是首次发现"随"国铭文的青铜器。浙江大学曹锦炎教授推测，该鼎器型和铭文风格表明它作于楚穆王或楚共王之际，即公元前600年前后，为楚王之女嬭（芈）加嫁随君的陪嫁铜器，说明随与楚为婚姻之国，"曾随一国二名"之说也就不攻自破。

曾、随真的是两个不同国家吗？曾、随与楚国有婚姻关系吗？非常幸运的是，随州后续的考古发现彻底解决了这些问题。

湖北省文物考古研究所于2017至2018年在随州汉东东路墓地发掘春秋时期墓葬32座，马坑2座，出土青铜礼器400余件，其中有铭文铜器达140余件，铭文中有"曾公""曾侯""曾叔孙""曾叔子"等。其中129号墓出土了春秋中期曾国国君曾侯得的编钟，一套20

○ 楚王媵随仲嬭加鼎及铭文

春秋中期，湖北省博物馆藏

通高41cm，口径32.5cm

○ 随州汉东东路春秋中期墓地129号墓出土的编钟、编磬　　王纪潮　摄

○ 曾公畩墓发掘现场　王纪潮　摄

○ 嬭加墓随葬编钟

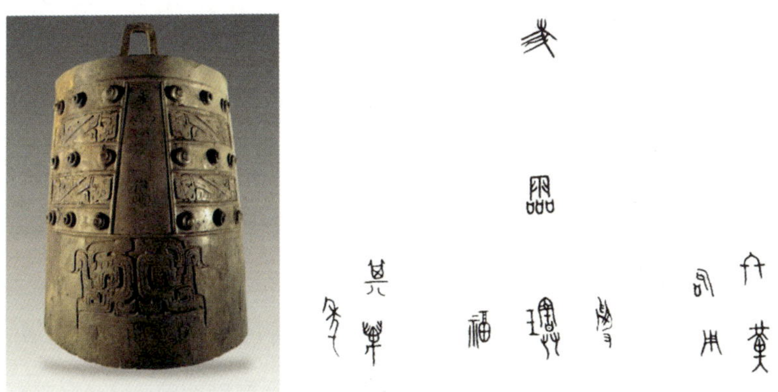

○ 嬭加墓编钟及铭文

○ 曾公畎墓出土编钟

件（镈钟4件，甬钟16件），编磬2套。又于2018至2019年在随州枣树林墓地发掘土坑墓54座，马坑、车马坑7座，发现了曾公畎及其夫人渔墓、曾侯宝及其夫人嬭加墓。该墓地共发现铭文6000余字，是迄今考古发现的最大的一批金文资料，其中曾公畎单件镈钟铭文达312字，是迄今发掘的春秋时期单件铜器中铭文最长的。

这些铭文内容与叶家山墓地南公簋、文峰塔墓地曾侯與甬钟等铭文相印证，其中最为重要的有两点：

一、南公为文王之后而非武王之后。曾国周初封于汉淮区域，负有为周朝戍守南土、经略江汉和控制铜矿资源的使命。

二、曾随为一国二名，楚曾有婚姻关系。前文提及的嬭加鼎主人即是随州枣树林M169之墓主嬭加。该随葬编钟铭文乃自述丈夫早逝，她治理曾国之事。虽有学者认为嬭加编钟铭文中的“文王”并非周文王而是楚文王；“穆”亦非曾穆侯，而是楚穆王。但发掘者仍认为，曾侯宝及夫人随仲嬭加墓葬的发现，证明了曾即随，基本解决了“曾随之谜”。

由谭先生主导和开创的曾国考古研究工作，从1978年发现曾侯乙墓到《报告》出版，再到2019年湖北省文物考古研究所新一代文物考古工作者完成随州枣树林曾国墓地的考古发掘工作，一代代的文博考古工作者和学界同仁共同努力，不断地消除历史疑点，破解考古之谜，用考古学的方法为消失了3000年、在文献上毫无记录的曾国，基本建立起较清晰的曾侯序列。

曾国考古所带来的跨学科研究成果众多。仅从中国考古学的发展看，随州叶家山（2013）、枣阳郭家庙（2014）、京山苏家垄（2017）、随州枣树林（2019）的考古发掘分别获评当年的全国十大考古发现，一个王国系列的考古工作能连续获此殊荣，在中国考古史上是空前的。

目前，通过考古发掘所见的曾侯达15位，曾侯世系从西周早期建国一直延续至灭国的战国中晚期，这在考古中绝无仅有，可以说挖出了一部“曾世家”。2021年，湖北省博物馆举办了“华章重现——曾世家文物”特展，较全面地展示了曾国考古发现的新材料、新认识、新成就。这场展览入选2021年全国博物馆十大陈列展览精品。该展览的获奖是对博物馆公共考古宣传工作的肯定，也是对以谭维四先生为代表的几代考古工作者的致敬。

下表为考古发掘“曾世家”序列：

	时代	备注
伯括	西周早期	曾公畩编钟铭文之“高祖”,孋加编钟铭文“伯括受命”之伯括。与周工、召公一样,并未实际就封于曾地任曾侯
曾侯谏	西周早期	随州叶家山M65墓主。曾侯與编钟铭文“王遣命南公”之南公,M111主人曾侯犺的父亲“烈考南公”
白生(叶家山M28墓主)	西周早期	随州叶家山M28为曾侯墓无疑。“白生”为其私名,从冯时说
曾侯犺	西周早期	随州叶家山M111墓主
郭家庙M60墓主	两周之际	岩坑墓
曾伯陭	两周之际	枣阳郭家庙M21墓主
曾侯絴伯	两周之际	枣阳郭家庙曹门湾M1墓主
曾侯仲子斿父	春秋早期	京山苏家垄M1墓主
曾伯桼	春秋早期	京山苏家垄M70墓主,夫人为孋克。陈介祺旧藏曾伯桼簠现藏于国家博物馆
曾公畩	春秋中期	随州枣树林墓地M190,公元前646年前后;夫人为孋渔。1979年随州季氏梁春秋墓地出土季怠铜戈有“穆侯之子,西宫之孙”铭文,曾穆侯可能为其谥号

续表

	时代	备注
曾侯宝	春秋中期	随州枣树林墓地M168,夫人为嬭加
曾侯得	春秋中晚期	随州汉东东路墓地M129墓主
曾侯昃	春秋中晚期	曾侯昃戈出土于襄阳梁家老坟楚国墓地M11。其墓葬尚未发现
曾侯郕	春秋晚期	文峰塔M4即曾侯郕墓。曾侯郕鼎出土于随州东风油库墓地M3,并见于曾侯乙墓出土铜戈铭文
曾侯與	春秋晚期	随州文峰塔M1墓主,并见于曾侯乙墓出土铜戈铭文
曾侯乙	战国早期	随州擂鼓墩M1墓主。擂鼓墩M2可能为夫人墓
曾侯丙	战国中期	随州文峰塔M18墓主

附记：擂鼓墩土冢、王家湾土冢、王家包M1、蔡家包M14等四个未发掘的曾侯级别墓葬，时代当排在曾侯丙之前。如是，共计20位曾侯。

四、结语

2021年评选中国考古百年的100项考古大发现，湖北有7项，即屈家岭遗址（编号23，发掘者中国科学院考古所张云鹏）、石家河遗址（编号30，发掘者中国科学院考古所张云鹏）、盘龙城遗址（编号44，发掘者湖北省博物馆）、曾侯乙墓（编号57，发掘者湖北省博物馆）、纪南城周围的墓葬群（编号58，发掘者湖北省博物馆）、铜绿山矿冶遗址（编号60，发掘者中国社会科学院考古研究所、湖北省博物馆等）、睡虎地与龙岗秦墓（编号63，发掘者湖北省博物馆）。后五项都与谭先生的主持工作有关，其中曾侯乙墓和纪南城墓群是由谭先生直接领导发掘的。

纵观中国百年考古事业的发展史，它是无数的专家学者、考古技工和社会各界大力支持的结果。考古工作的优秀领军人物需要具备的不仅仅是书本知识和田野经验。一项优秀的考古发现，除文化遗存本身的重要性外，它对领导者的眼光、学识、专业训练和行政管理能力的要求都极高。而谭老一生从事考古工作，50年代他所受的训练偏重于考古的操作层面而忽略世界视野。改革开放之后，与海外学人广泛交流，其求知好学、不耻下问的精神让我们后辈十分钦佩。越到晚年，他眼界越宽，越发从文明演化的规律上来思考公元前5世纪曾侯乙编钟的成就何以如此杰出。这一点在他担任主编的《编钟》一书中得到了充分体现。我想，把一项考古工作与人类文明发展的动因联系起来，把一项考古发现拓展为一门音乐考古学，把一项考古发现的研究推向世界，把艰深的古代音乐律学、冶铸、天文讲得娓娓动听，谭老堪称中国考古界的第一人。

就《王陵》一书而言，谭老当年送我后，我只是翻阅一遍，因为内容太熟悉，没有多想。那个时候，公共考古的概念还不像今天这样火，而我本人又有不重视普及性读物的偏见。他那一代考古学家因为历史原因，很少撰写深奥的论文，田野的事务性工作和担任考古队队长、博物馆馆长的行政工作似乎给学界留有疏于理论研究的印象。2020年9月，谭老仙去。我再次阅读该书时，谭老对我的批评教诲回响耳畔。我对书中所言曾侯乙墓文物的发掘过程和各项成就的阐述备感亲切之余，也复核了谭老叙述的若干原始材料。我发现他的用功之勤、阅读之广、见识之精、虚怀若谷、不囿于成见和化繁就简以方便读者了解曾侯乙墓文物的那份执着，在书中体现得淋漓尽致。读书思人，斯人已去，夫复何言。

最近，外省文博界的同仁知道我正在写谭先生有关曾侯乙墓发掘、研究的情况时，说：谭老好像就是为曾侯乙墓而生的！谭老和曾侯乙是相互成就的。没有曾侯乙墓的发掘，谭老的考古成就之分量就略轻；没有谭老的眼界和胸怀，曾侯乙墓文物反映出中国在公元前5世纪的成就和相关研究也不会引起国际学界的关注和推崇。诚哉斯言！

王纪潮

2021年12月稿

2022年3月修订于武昌